わたしの旅ブックス
023

本とあるく旅

森まゆみ

産業編集センター

本とあるく旅
目次

I　なつかしい本を携えて

II　気になる女たち

III　旅で出会った本

IV　おやおやこんなところにいましたか。

V　はるばると来つるものかな

I　なつかしい本を携えて

『坊っちゃん』の松山

もし、夏目漱石が『こころ』とか『明暗』を先に書いて、最後が『吾輩は猫である』や『坊っちゃん』だったら、もっと人生が明るくなり、長生きしたのではないか。暗い小説を未完のまま、漱石は四十九歳で胃を痛めて死んでしまった。胃が良くないのは、虚弱もあるが、ストレスも大きかっただろう。

江戸の草分名主とはいえ、年のいった両親の末っ子に生まれ、小さな時に里子に出された。栄養もよくなかったに違いない。父に前妻があり、その間に生まれた年の離れた姉は、本郷の店先の籠に入れられている弟の金之助（のちの漱石）を見て、かわいそうに思い、連れて帰ったという。その後、塩原という家に養子に出され、義父からは、漱石が帝大や一高で教えるようになると、縁が切れず金をせびられたことは『道草』に描かれている。

私は高校の国語で習った『こころ』が好きじゃない。あんな意味不明な小説をほんの触りだけ、教科書に載せるのは罪なことだ。「奥さん」をめぐる三角関係の物語なのに、奥さんそのものは、まるで性格も考えもわからない。これは『門』や『それから』もそうだし、『虞美人草』の藤尾や『三四郎』の美禰子、『坊っちゃん』の「マドンナ」、漱石作品に出てくる女には一人として好感が持てない。『道草』の妻すみを除いて。

漱石に女性が書けないのは、生涯、妻鏡子しか、女性を知らなかったからではないか、という説もある。しかも一番近くにいる妻を理解しようともしなかった。漱石の小説で好きなのは『坊っちゃん』、江戸っ子ならではの無鉄砲だが、正義感の強い、単純な男が主人公だからである。そして冒頭に出てくる「清《きよ》」も好きだ。「ぶうーと云って汽船がとまる」という松山到着から最後まで、文体は勢いが衰えない。ここは三津浜といって本州と結ぶ汽船が入るところで、今もいい感じの港だ。汽船会社もあれば、渡し船もあり、居酒屋もある。そして、イギリスの画家ターナーになぞらえた松の生えた「ターナー島」がある。

物理学校をでた東京っ子の「坊っちゃん」が松山中学に赴任する。のんびりした松山弁の中学生に新米先生いじめにあう。一方、なにかと画策する教頭赤シャツを中心に、地域社会のお歴々との政治闘争が繰り広げられる。うらなりという弱気な英語教師が恋するマドンナを、赤シャツが横取りしそうになり、正義の味方坊っちゃんは会津出身の数学教師山嵐と組んで、謀略を打破する。まさに江戸の庶民と負け組会津とのタグマッチ、生卵をおべっか使いの「野だいこ」に投げつけるところなんか胸がすくが、結局、坊っちゃんは辞職して東京の街鉄（市電）の運転手になる。

松山では漱石は好かれていないと聞いた。松山を田舎として描き、方言を小馬鹿にした、というのである。漱石の親友である松山出身の正岡子規には立派な「子規記念博物館」があり、秋山好古《よしふる》・真之《さねゆき》の兄弟には「坂の上の雲ミュージアム」があるというのに。道後温泉本館は漱石のいた明治二十年代の終わりのままで、最初行ったとき、大きな金ぴかのやかんにお茶が入っていたり、「ここでは髪は洗われません」と墨書してあったりするのが珍しかった。そして湯上りの廊下には何度かの『坊っちゃん』の映画化のスチール写真が貼ってあった。

奮発して二階に上がると、大広間で浴衣を着て、お茶の接待があり、風が抜けて気持ちがよかった。その上には「坊っちゃんの間」というのもあった。道後温泉は本館が一八九四（明治二十七）年の建築で、国の重要文化財の中では最もよく使われている建物である。

松山で漱石が住んだ場所は何ヵ所か特定されているが、今はすっかり大都会。中には駐車場になっているところもあった。愚陀佛庵と称された下宿はそれこそ幽邃《ゆうすい》な環境に再建されたものであった。ここの二階に漱石が住み、一階に日清戦争従軍から帰り、神戸港から故郷松山に帰った正岡子規が転がり込んだ。漱石は確か破格の月給八十円、子規の「日本新聞社」の給料は十五円から始まり、死ぬときでさえ四十五円だったから、おそらく漱石の半分もなかったに違いない。

愚陀佛庵の一階に陣取った子規が松山の弟子たちを集めて運座（俳句の会）をやり、漱石も巻き込まれ、店屋物の代金などは漱石が払った。「後はよろしく」と言って子規は東京に向けて出発、途中、奈良あたりで金がない、と漱石に送金を頼んできた。子規というのも傍若無人で面白い。子規の弟子の柳原極堂《やなぎはらきょくどう》が「自分たちはそんなに騒がなかったし、金銭的にも迷惑はかけなかった」と反論しているが、とにかく漱石・子規はお互い迷惑を掛け合うのが嬉しいくらいの仲であった。漱石「御立ちやるか御立ちやれ新酒菊の花」子規「行く我にとどまる汝に秋二つ」の二句を交わして、親友たちは別れたのである。

松山人・子規とくだもの

漱石がそう松山では大事にされていないのと対照的に、正岡子規は松山の誇る文人である。

春や昔十五万石の城下かな

松山藩士の子に生まれ、十六歳で上京後も、母と妹のいることもあって松山に毎年のように帰省した。森鷗外とは大違いだ。鷗外は十歳で上京してから六十で亡くなるまで一度も故郷津和野に帰っていない。松山藩は戊辰戦争では幕府方について、負け組であった。子規が仲良くした人々は、江戸の名主の漱石、幕府お茶坊主衆の子供の幸田露伴、根岸党の人々、恩人陸羯南《くがかつなん》、青森の佐藤紅緑《こうろく》など、幕臣や負け組の出身者が多い。

一八八三（明治十六）年に上京した子規は一年ほど、共立学校で学んだ後、東大予備門にすんなり合格。その頃は九月入学だったので、六月に学期が終わると長い夏休みを子規は松山に帰った。当時は東海道線を利用し、旅好きで好奇心の強い子規は、大磯で降りたり、名古屋で降りたりと、いろんなところを見て歩いた。時には東海道線でなく、信越本線を利用して軽井沢経由で帰ったりしている。

子規のもっとも知られている句は、「柿食へば鐘が鳴るなり法隆寺」だろう。

一八九五（明治二十八）年、日清戦争に従軍して、結核の病が重くなった子規が神戸病院から須磨の保養院で養生し、松山から東京に帰るとき、奈良を回った。実際は東大寺の近くの宿角定《かどさだ》で詠んだ句らしいが、鐘が鳴るなり東大寺では、音に締まりがない。この時の宿で、大きな鉢にどっさり入れた柿をむいてくれる仲居さんが健気で美しくて、子規は柿を食べたいというより、彼女に見とれ、いつまでも柿をむいてほしかったようだ。

子規に柿の句は多い。

柿くふや道灌山の婆が茶屋
渋柿は馬鹿の薬になるまいか
つり鐘の蔕《へた》のところが渋かりき
三千の俳句を閲《けみ》し柿二つ

などがある。

最晩年を忌憚なく記した『仰臥漫録《ぎょうがまんろく》』にも、昼飯の後に梨一つ、夕飯の後に葡萄一房などと叙述がある。林檎の日もあれば、茹で栗、無花果《いちじく》の日もある。妹の律がパイナップルの缶詰を買ってきたこともあった。

身動きできない子規には食べることが何よりの楽しみであり、またくだもののみずみずしさと甘みは、ともすれば痛みに逆上しそうな日常をなだめてくれるものだった。十月末には柿を食べたが、柿は食べすぎると下痢をする。

「余がくだものを好むのは病気のためであるか、他に原因があるか一向にわからん、子供の頃はいうまでもなく書生時代になっても菓物《くだもの》は好きであったから、二ヶ月の学費が手に入って牛肉を食いに行《い》ったあとでは、いつでも菓物を買うて来て食うのが例であった。大きな梨ならば六つか七つ、樽柿ならば七つか八つ、蜜柑ならば十五か二十位食うのが常習であった」（「くだもの」／阿部昭編『飯待つ間』岩波文庫所収）

高弟と言われる河東碧梧桐《かわひがしへきごとう》と高浜虚子が、松山で子規に会った初印象を、それぞれくだものにことよせて語っているのも面白い。

「かなり暑い日でもあった。シャツ一枚の肌ぬぎになった子規の前に、赤い西瓜《すいか》が盛って出された。白い細い長い指の股から垢《あか》を探み出していた子規は、私にも勧めるよりか、自分でしゃぶりつく方が早かった」（河東碧梧桐『子規を語る』岩波文庫）

「三津の生簀《いけす》で居士と碧梧桐君と三人で飯を食うた。其時居士は鉢の水に浮かせてあった興居島《ごごしま》の桃のむいたのを摘み出しては食い食いした」（「子規居士と余」／高浜虚子『回想 子規・漱石』岩波文庫所収）

このいかにも無造作な風景は眼に浮かぶようだ。

子規は一八九五（明治二十八）年、日清戦争から帰る船の中で喀血し、神戸病院に入院中、衰弱して牛乳もスープも喉を通らなかった。苺が食べたい、という。「町に売っておるいちごは古くていかぬというので、虚子と碧梧桐が毎朝一日がわりにいちご畑へ行て取て来てくれるのであった。余は病牀でそれを待ちながら二人が爪上りのいちご畑でいちごを摘んでいる光景などを頻《しき》りに目前に描いていた。やがて一籠のいちごは余の病牀に置かれるのであった」(「くだもの」)

このように、くだものは人間関係まで媒介したのである。晩年、子規は「果物帖」なる自筆の水彩画を描いた。

病間や桃食ひながら李《すもも》画く

経済に余裕がないなか、子規の食欲を支えた母八重と妹律の努力にも感嘆するほかはない。彼女たちは兄に刺身を供するため、自分たちは香のものくらいで、ご飯を済ませたと伝わる。みずみずしいくだものを母の八重さん、妹の律さんにも食べさせてあげたかったなあ、と思う。

仙台で　阿部次郎と漱石、そして魯迅《ろじん》『藤野先生』

東北大学に高校生を対象とした「青春のエッセー　阿部次郎記念賞」なるものがあり、長谷川公一先生に頼まれて審査に行った。それは巨大台風の後で、東北大学の植物園に入るとあちこちに倒木が道を塞《ふさ》いでいた。さらに博物館で特別展をやっているというので行けば、夏目漱石のものが多い。阿部次郎も漱石の弟子といえるが、小宮豊隆《こみやとよたか》が漱石山房の二番弟子（一番弟子は寺田寅彦）で、彼が一九一四年、東北帝大に赴任する際、漱石の遺墨などを東北大学に持ち込んだようである。

とはいえ、漱石の御一族から聞いたところでは、夏目家は「木曜会」に集まる弟子たちとは折り合いが悪く、良かったのは鈴木三重吉《みえきち》くらいだという。というのも、漱石の弟子の間では、鏡子夫人は朝寝坊で、家事も嫌いで、夫の客を粗略に扱うというので、あまり評判がよろしくなかった。また漱石の長女の筆子《ふでこ》を巡って、最初、久米正雄が思いをかけたのに、筆子の方は松岡譲《ゆずる》が好きで、彼と結婚してしまった。さらに松岡は義母鏡子の聞き書き『漱石の思い出』を刊行、神経衰弱で家族に暴力を振るう漱石が赤裸々に描かれたことも弟子たちは不愉快だったようである。

私の読むかぎり、小宮豊隆はじめ弟子たちの文章は全く精彩がない。漱石の周辺ではやはり寺田寅彦を随一の文書家とし、内田百閒《ひゃっけん》は別格としても、そのほかは『漱石と十弟子』を書いた津田青楓《つだせいふう》の文章くらいしか面白く読めなかった。

とにかく、東北大学の博物館にあったものにはたまげたが、中でも漱石が描いた猫の絵に魅了された。じっとして辺りをうかがっている猫の表情がすごい。これを拙著『千駄木の漱石』の装丁に使わせてもらえればと思っていたら、編集者が「この猫、何が何でも鼻が長すぎやしませんか」と言い、却下になった。

漱石はイギリス留学から帰って一九〇三(明治三十六)年に千駄木に引っ越して以来、被害妄想に取り憑かれ、近所の下宿の学生が自分をスパイしているとか、裏の郁文館中学の生徒がしょっちゅう野球の球を取りにくるのは故意の嫌がらせだと思っていた。

それが面白おかしく『吾輩は猫である』に使われているのだから、妄想こそ想像力の源といってよい。が、一緒にいる家族はたまったものではなかった。そのうちハエの頭ほどの小さな字で小説を書くことで乗り越え、橋口五葉《ごよう》と自筆絵葉書のやり取りをすることで精神の平衡を取り戻していった。いってみれば作文療法、お絵かき療法といってよい。この橋口との交換絵葉書はなぜか、香川県の四国村にあるとのこと、いつか見たい。

さて東北大学には、中国の大作家、魯迅の学んだ当時の仙台医学専門学校の教室もまだあった。魯迅は日本に最初、医学を学びに来たのである。魯迅が滞在した下宿は何年か前に壊された。筑摩の高校国語教科書には、魯迅の『藤野先生』が入っていた。竹内好の名訳で読める。上野を出発した列車が日暮里の駅を過ぎ、この駅の名を覚えていると。あと覚えているのは「水戸」だけというなら、東北本線ではなく常磐線で行ったことになる。そして「八の字髭に眼鏡」の解剖学の教師、藤野厳九郎《ふじのげんくろう》と出会う。彼は魯迅を気遣い、ノートを細かく添削してくれた。一方、日露戦争の時の日本軍による中国人の銃殺のシーンに学生があげる喝采が耳を刺した。そして魯迅は医学の勉強をやめる。こういう喝采と戦うために、人の体より社会を治さなければいけない。だが言う。「私が自分の師と仰ぐ人の中で、彼は最も私を感激させ、私を励ましてくれたひとりである」

藤野厳九郎のことは、北京や上海の魯迅記念館でも偉人として展示されていた。こういう日本人がいてよかったな、と思ったものである。

これにはおまけがある。冬に北陸の温泉場を取材に行ったら、福井の芦原《あわら》温泉の街中に、藤野先生の「八の字髭に眼鏡」の銅像が立っていて、ここの出身だとわかった。それによると、藤野厳九郎は名古屋の医学校を出て、仙台で解剖学を教えたが、東北大学が改組される時、帝大出身者ではないというので、教授に残れず、故郷に帰って終戦間際まで開業医として生きたようである。

ついでに言えば、魯迅は夏目漱石の作品が好きで、一九〇七（明治四十）年に、漱石が西片町から牛込に越すと、そのあとに弟の周作人とともに入っている。私が朝の散歩で見つけたその家の前に、経緯を書いた看板が立っていた。漱石は一九〇六（明治三十九）年の大晦日、「住めば都」となってきた千駄木の家を出て、いやいや西片町に越した。家主で友人でもある斎藤阿具《あぐ》が、東京に戻るので家を明け渡してほしいと言ったからである。この人は東京帝国大学英文科で漱石の級友で、仙台二高に行っていた。

ところが移転先の西片町の家主は何度も家賃を上げようとしたので、漱石は嫌気がさして、一年ほどで牛込に越した。明治三十年頃、根岸の正岡子規は五円の家賃だったが、本郷で漱石は三十五円も払っていた。そのあとに魯迅が入ったというのが経緯らしい。もちろん、現在お住まいの方と当時の家主は関係はない。

松江の小泉八雲旧居——小泉節子『思い出の記』

松江に行くと気持ちがしんとする。島根県の県庁所在地なのにざわざわしていない。お城が中心にデンとあるからだろう。松平不昧《ふまい》公という文人の殿様が出て、松江は茶道、お能などにも嗜《たしな》みのある風雅の地となった。このところ市役所の名案で、この城の堀を回る遊覧船が大人気。次々と変わる景色、シイやタブのふてぶてしい緑、低い橋にくると屋根が畳まれ、みんな身を小さくするスリル、元市職員さんの初々しい八木節。実に楽しい。「右手に見えますのが、塩見縄手、小泉八雲ことラフカディオ・ハーンの旧居でございます」

堀端遊覧のいいところは、乗船所で降りて乗り継ぎもできることだ。もちろん下船する。文人の旧居でこれほど、美しく、住みたくなる家はない。今は車の往来がひっきりなしだが、当時はさぞ静かであっただろう。門を入ると前庭に桔梗が咲いていた。訪ねたのは夏か秋のこと。家はそれほど大きくはないが、座敷がいくつか続き、どこからも庭が見える。明るくて風通しの良い住まいで、ハーン自身、五ヵ月ほどしか住まなかったが、水辺に近いこの家を愛した。

小泉八雲という日本名を名乗ったハーンは、父がアイルランドの軍人で、母がキシラ島出身のギリシア人、地中海のレフカダ島で生まれ、ラフカディオという名前なのだそうだ。これはミドルネームで、パトリックというファーストネームもあった。

父は西インド諸島に転属となり、アイルランドの寒い冬に耐えかねて母親はギリシアに帰ってしまい、ラフカディオはダブリンの厳格な大叔母の家に身を寄せた。その家は今、B&Bになっていて、私は泊まったことがある。

大叔母の破産により、学業を続けられなくなったハーンはアメリカに渡り、シンシナティやニューオーリンズでジャーナリストになった。当時としてはきわめて珍しいことに黒人の女性と結婚したことがある。曲折の末、一八九〇（明治二十三）年三十九歳で出版社の特派員として、日本にたどり着いた。

「ヘルンが日本に参りましたのは明治二十三年の春でございました」と妻節子の『思い出の記』にある。彼女は出雲大社の千家とも繋がる松江藩士の娘だったが、その頃、武士は零落して、節子も十一歳から働き、一八九一（明治二十四）年に独り住まいのハーンの家に女中として住み込んだ。そしていつしか妻となる。ハーンは島根県尋常中学校と尋常師範学校で英語を教えていた。ハーンは五尺（百五十センチ）足らずの小さな人で、少年の時に、目の怪我が元で左目が見えなくなった。日本語は上達せず、節子も英語ができなかったので、二人は「ヘルンさん言葉」ともいわれる不思議な片言の日本語で会話した。

ハーンはさびしい生い立ちもあって、不幸なもの、弱いものに優しかった。松江でも子猫をいじめる子供には「おお、可哀相の子猫、むごい子供達ですね」と懐《ふところ》に子猫を入れて温めた。山で鳴く山鳩や日暮れにのそりと出てくる蝦蟇《がま》が良い友達だった。庭の蓮池に蛙がいたが、蛇もよく出た。そうするとハーンは「あの蛙取らぬため、これをご馳走します」と蛇に自分のお膳のものを分けてやったりした。

「ヘルンは極《ごく》正直者でした。微塵《みじん》も悪い心の無い人でした。……ただ幼少の時から世の悪者どもに苛められて泣いて参りましたから、一刻者で感情の鋭敏なことは驚く程でした」

（『思い出の記』）

ハーンは泳ぎが好きで、出雲の海でよく泳いだ。海や島も好きだった。隠岐《おき》島にも節子と二人で行き、ひなびた汚い宿に泊まるのを面白がった。盆踊りを見にあちこちへ行くと、西洋人が来たといってたくさんの人が集まった。ハーンはハーンなりの「日本奥地紀行」をしたのである。しかし西インド諸島から来たハーンに出雲の冬は寒すぎた。ハーンは夏が一番好きで、夕焼けを喜んだ。

熊本の第五高等中学校へ赴任、さらに神戸を経て東京帝国大学の英文科の講師になった。しかし、ハーンに東京は合わなかった。都心を避けて、牛込の化け物屋敷に住もうとしたあげく、見つけた富久《とみひさ》町の家は高台で見晴らしが良かった。隣が瘤《こぶ》寺（自証院）で「面白いのお寺」と言って気に入った客はここに案内した。そのうち「私坊さん、なんぼ、仕合わせですね」と言い出した。僧侶になって寺に住む気だったらしい。

しかし住職が大きな木を三本も切ったのでハーンは「何故に私に申しません。少し金やる、むつかしくないです」と怒った。日本文化の良いものを壊し西洋のモノマネをするのは嫌がり、また自然を荒らすものをハーンは忌み嫌った。一方で、ハーンは親日家でもなく、日本という異文化を理解できないと考えていたという研究者もいる。でもここは身近にいた妻の言葉を素直に聞きたい。

節子は日本の習俗や神秘に関心のあるハーンのために、民話や伝説をたくさん集めて話して聞かせた。それが『怪談』になる。雪女、貉《むじな》、茶碗の中、耳なし芳一。私は中学の頃、これを英語で読まされ、お札とか刀とか、普段使わない難しい英単語ばかり出てきて閉口した。でも和訳で読むよりも、英語というプリズムを通して知った『怪談』は神秘的でとっても怖いものだった。

節子の話をハーンは息を呑んで聞いた。「あなたの話、あなたの言葉、あなたの考えでなければいけません」と言われるうち、節子は悪夢を見るまでになる。「耳なし芳一の話」はたいそう気に入って、「あら、血が」というところを何度でも妻に繰り返させた。日が暮れてもランプをつけない夫に節子が「芳一さん芳一さん」と次の間から声をかけると「はい、私は盲目です。あなたはどなたでございますか」と答えたという。夫婦で「怪談ごっこ」に興じていたようである。

『思い出の記』には楽しい家庭生活も描かれる。三人の息子たちは階段の下から「パパ、カムダウン、サッパー、イズレディィ」と声を揃えた。「オールライト、スイートボーイズ」と答えて嬉しそうに降りて来るときはいいが、執筆に熱中すると、待てども待てども降りて来ない。子どもにパンを分けてやるのも忘れた。それはイギリスでは家長の役目だったのだろう。食前には少しウィスキーを飲み、プラムプディングと大きなビフテキが好きだった。タバコも愛した。こういう、節子の回想を読むと、ダブリンで悲しい少年時代を送った彼が良い家庭を得たことに心慰められる。

ハーンは一九〇四(明治三十七)年九月二十六日、狭心症で逝去、五十四歳。その日が来るのを彼は予知していた。「悲しむ、私喜ぶないです」。そのとき節子はまだ三十六歳だった。ハーンは妻子がきちんと暮らせるよう、日本の国籍を取得した。没落した節子の一族の面倒も見ていたという。余談だが、ハーンの作品のイギリスでの出版に協力し、その伝記を書いたエリザベス・ビスランドという人がいる。自身も冒険家で、ネリー・ブライと最速世界一周を競った人である。こういうめぐり合わせもおもしろい。

ところで漱石とハーンは関係が深い。熊本の五高でもハーンは漱石の前任者だった。そしてイギリス留学から帰った漱石の東京大学での前任者でもあった。

ハーンの朗々と詩を朗読するような授業はとても人気があり、学生はその言葉を英語で筆記するのに熱心だった。ハイカラが嫌いなハーンは平襟のシャツに背広で講義したのではあるまいか。ところが後任のこれも小柄な漱石は、ハイカラーに黒いキッドの靴がキザに見えた。使う教科書はジョージ・エリオット、学生は「女の書いた教科書を使うなんて馬鹿にするな」と反発した。

漱石にバトンタッチしたのは、お雇い外国人ハーンの給料が高すぎたためである。大学はハーンの代わりに漱石と上田敏の二人を雇ってもまだお釣りがくるほどだった。ハーンはもとより、大学に出講して書く時間が減ることを残念に思っており、大学に未練はなかったが、紙一枚で解雇されたのを快くは思っていなかった。

この二人は似てもいる。小柄で、父母の愛に恵まれなかった。漱石は牛込の草分名主の末っ子に生まれ、里子や養子にされた。母親の膝下で育ったわけでもない。家の期待を担ってもいない。自力で東京帝国大学の大学院まですすみ、イギリスに留学した。そして漱石が四十九歳で亡くなったとき、漱石の妻鏡子もまだ三十代後半であった。

一方のハーンは妻が夫の仕事を理解し「あの美しいシャボン玉を壊さぬように」協力したという点で、漱石より幸せであったかもしれぬ。そして暴力を振るわれ、「お前は馬鹿だ」と言われつづけた漱石の妻鏡子より、神経質な夫ではあったにせよ、いつも「ママさん、ありがとう」と言われ続けたハーンの妻節子の方が結婚生活を楽しんだように思える。

漱石もハーンも共に雑司が谷霊園に眠っている。

新宿に近い大久保に韓国料理の店がやたらできた頃、一軒家の店に大勢で繰り出したことがあった。帰りにふと見ると、「小泉八雲終焉の地」という史跡版が、そのごちゃごちゃした路地に立っていた。「至って静かで、裏の竹藪で、鶯が頻りに囀《さえず》っています」という西大久保の家がこんなことになっているのをハーンが知ったら、どんなに悲しむだろうと思った。

釧路の石川啄木

釧路に講演の依頼があった。「釧路では馬に乗れます。湿原の中でカヌーもできます」というので心動いたが、その時は叶わなかった。

何年かのち、妙に釧路へ行きたくなり、夏の初めの便をとり、かつて講演を依頼してくれたTさんに会って「カヌーに乗れるのかな」と聞くと、「この前屈斜路湖で三人亡くなっているしねえ。民宿のお客二人、風のある日に無理して出たんです。ライフジャケットも着てたというのに、凍え死んだんでしょう、今年は妙に寒い」とあっさり却下された。

しかもホテルを予約していなくて、七月初めの平日でも釧路のホテルは空いていなかった。ビジネスの客が多いわりに、ホテルが少ない。ひどいホテルに二泊、しかも隣の男女の声が漏れ聞こえた。

翌日、ここ出身の建築家毛綱毅曠《もづなきこう》の釧路市立博物館を見に行く。丹頂鶴をイメージした建物とか。しかしインテリアにも作為が見えすぎ、展示物が目立たない。長居する気になれず、春採湖《はるとりこ》のほとりをのんびり歩くことにした。ジョギングの人が多い。

午後は芸術館でユトリロを見て、和商市場でラーメンを食べようと思ったが、急に気が変わり、うにいくら丼に。その夜、「挽歌」という名前に惹かれ、Tさんとスナックに行ってみる。開店すぐで、「あらあ」と言いながらママさんがししゃもを焼いてくれ、ピーマンをただ千切りにしておかかとしょうゆをかけてくれた。

釧路といえば私にとっては原田康子の『挽歌』である。これを読んだのは中学生のころか。若い女性がずっと年上の建築家と恋をする話。フランソワーズ・サガンの『悲しみよこんにちは』に似ている。

それから港文館というレンガ建ての建物を見に行った。ここは元釧路新聞社の建物で、これが建った頃、石川啄木がほんの短期間、記者でいたそうである。

そう思うと、今度は啄木に興味が移る。この不幸な早死にした詩人は、私の住んでいる東京の本郷辺りとも大変関係が深い。私の中の「啄木」の芽が吹いてしまった。

短い人生の割には流転なのである。一八八六（明治十九）年に盛岡市郊外の寺常光寺に生まれた。姉二人妹一人がいるが、母親に唯一の男子として溺愛された。

かにかくに渋民村は恋しかり
おもひでの山
おもひでの川

という望郷歌があるが、これは一歳の時に父が転住した宝徳寺である。曹洞宗だったがその宗派への上納金を滞納したというので、一家は寺を追われた。

石をもて追はるるごとく
ふるさとを出でしかなしみ
消ゆる時なし

このころの村を歌った歌は恐ろしく暗い。

盛岡中学で早熟に文学に熱を上げ、十六歳で上京し、新詩社の与謝野鉄幹・晶子夫妻を訪ねた。体を壊し数ヵ月で連れ戻されるが、一九〇四（明治三十七）年に再び上京したのが十八歳。翌年十九歳で堀合節子と結婚する。なんだか人生前倒しである。渋民村で小学校の教師をしてみたが、一九〇七（明治四十）年には北海道に新天地を求め、函館日日新聞の記者となるも、函館の大火に遭う。

函館の青柳町こそかなしけれ
友の恋歌
矢ぐるまの花

さらに札幌の北門新報社の校正係、小樽日報記者となるも長続きせず、一九〇八（明治四十一）年の一月十九日に第二次釧路新聞の記者となるが三月には辞めている。つまり釧路にいたのは二ヵ月ちょっとに過ぎなかった。それでも釧路の人たちは啄木を忘れず、ここを啄木資料館にし、歌碑もたくさん立てている。

さいはての駅に下り立ち
雪あかり
さびしき町にあゆみ入りにき

旅と恋が好きだった林芙美子が『放浪記』で引用している歌。釧路でも啄木は花街で遊んで、小奴《こやっこ》という芸者とわりない仲になった。

小奴といひし女の
やはらかき
耳朶《みみたぼ》なども忘れがたかり

死にたくはないかと言へば
これ見よと
咽喉《のんど》の痍《きず》を見せし女かな

その膝に枕しつつも
我がこころ
思ひしはみな我のことなり

こういう自己中心の男と付き合うと女は不幸になる。小奴もさんざん啄木に貢がされた。また、啄木が死ぬ前に釧路で小奴に会った野口雨情は「今から盛岡に行って金をこしらえてくる」と言ったまま啄木は音信不通になったという話を聞いている。雨情自身、「丸顔で浅黒い、背も高くなく、男好きのする女であった」などと男性目線の感想も書いているが、「全く小奴は人なつかしい温和《おとな》しい女性でまた正直な女であつた」とも、小奴がいたからこそ、「いはば石川の釧路時代は、石川の一生中一番興味ある時代で、そこに限りなき潤ひを私は石川の上に感ずるのである」とも書いている。

釧路を離れた啄木は、一九〇八（明治四十一）年上京してまた与謝野夫妻の新詩社にお世話になり、晶子を姉のように慕うが、『明星』も前年の夏の九州旅行「五足の靴」で、与謝野と北原白秋、吉井勇、木下杢太郎《もくたろう》らの関係がこじれて、脱退。百号で終刊となった。若い同人が、目上の主宰者に不満を抱くのはよくあることで、啄木もそんな風に、北海道の新聞では上司と合わず、キレてやめている。

彼らが集まったのが、森鷗外を後援者とした『スバル』、木下杢太郎や吉井勇も編集を手伝ったが、編集発行人は石川啄木だった。啄木は実務にすぐれ、校正能力は高かったのではないかと思う。のちに朝日新聞の校正係も務めたし、『二葉亭四迷全集』の校閲もなしとげた。

啄木は、人に借金をし、それを遊興に使ってしまう。恋女房がいるのに浅草に遊女を買いに行ったり、他の女性を好きになったり、歌の添削をした女性に恋文を送ったりと、生涯、恋愛体質であった。その割に嫉妬深く、友人の宮崎郁雨《みやざきいくう》が妻の節子の写真が欲しいと言ったことで不貞を疑ったりしている。

金田一春彦さんの有名な言で「石川啄木というのは石川五右衛門の親戚かと思ってた」というのがある。父の金田一京助は同郷の啄木より四つ上の言語学者で、盛岡中学で啄木に会ったが最後、啄木にたかられ続けた。

金田一の斡旋で、一九〇八（明治四十一）年の上京時には、五月四日から本郷の赤心館《せきしんかん》に下宿、九月六日からは本郷森川町の蓋平館《がいへいかん》に移り、両方に啄木旧居の碑が立っている。

さらに妻子と母を迎えて本郷弓町の理髪店・喜之床《きのとこ》の二階に移る。ここでは節子と母かつの折り合いが悪かった。さらに一九一〇（明治四十三）年、大逆事件が起こると啄木は激しい興味を抱き、弁護人の平出修《ひらいでしゅう》から幸徳秋水の「意見書」を借りて読んだり、公判記録に目を通したりして、「時代閉塞の現状」を書き上げるが、どこにも発表できなかった。啄木がどんなに寸借詐欺でどんなに女癖が悪くても、この作品の先見性は認めざるを得ない。よりよい環境を求めて高台の小石川久堅町に転居。

そんなうちに一九一二（明治四十五）年が来てしまう。この歳、三月七日に母かつが、四月十三日に啄木自身が相次いで死去、夫の死後、次女房江を生んだ妻節子は翌年五月五日に同じ肺結核で亡くなっている。この妻のなんという過酷な運命か。節子の立場からは澤地久枝『石川節子——愛の永遠を信じたく候』がある。さらに悲惨なことに母方の祖父に育てられた長女の京子は一九三〇（昭和五）年に二十四歳で、次女の房江はその二週間後に十九歳で死去。肺結核という病魔は怒濤のように石川家の人々をさらっていった。

しかし、友達には恵まれたのだろう。歌人土岐善麿《ときぜんまろ》は自分の実家の寺、浅草の等光寺で啄木の葬儀を出した。函館の宮崎郁雨は立待岬《たちまち》に「石川啄木一族の墓」を建てた。海の見える風光明媚なここにも行ったことがあるが、宮崎郁雨の墓、写真師横山松三郎の墓、そして箱館戦争を戦った幕軍の碧血碑《へっけつひ》もあった。それは「義のために死んだ勇者の血は碧い」という意味なのだそうである。

非凡なる人のごとくにふるまへる
後のさびしさは
何にかたぐへむ

何処《どこ》やらに沢山の人があらそひて
籤《くじ》引くごとし
われも引きたし

目の前の菓子皿などを
かりかりと嚙みてみたくなりぬ
もどかしきかな

一度でも我に頭を下げさせし
人みな死ねと
いのりてしこと

はたらけど
はたらけど猶わが生活《くらし》楽にならざり

ぢっと手を見る

わが抱く思想はすべて
金なきに因するごとし
秋の風吹く

どの歌も貧苦に切羽つまり、自己実現がはかれない者にとってはこたえるものだろう。私も二十代から三十代にかけてのビンボーだった十年は彼の歌が胸にこたえた。しかし寿命はさりながら、彼は生きているうちに詩集『あこがれ』も歌集『一握の砂』も出せた。第二歌集『悲しき玩具』なども出してくれた東雲堂の西村陽吉は、自らも短歌を作る人であった。この人は平塚らいてうらの『青鞜』という雑誌の版元となって日本の女性解放運動にも貢献したのであるが、啄木を世に出した功績も大きい。この人のお孫さんがプロ野球の長嶋茂雄夫人亜希子さんだそうである。

追分の立原道造

地域雑誌『谷中・根津・千駄木』を編集していた二十六年間、いちばん多い問い合わせは詩人・立原道造のお墓はどこにあるんですか、だった。台東区谷中三崎坂上の多宝院という寺にある。なんとファンが多いのだろう。

伯母近藤富枝が立原道造に憧れて追分に別荘を作ったのは私が大学生の頃だ。今思うと、日本橋の袋物商に生まれた伯母は、荷造り用の木箱製造立原屋に生まれた彼に親近感を抱いたに違いなかった。その頃は日本橋に魚市場（河岸）があり、魚を入れるトロ箱製造だったのではないかと思う。立原の通った久松小学校は私の親戚たちも卒業している。立原は一九一四（大正三）年生まれで、第一高等学校から東京帝大工学部建築学科に進み、そのかたわら、詩誌『四季』に参加、「未成年」を主宰し、帝大新聞の編集もしていた。

若い頃の私は西脇順三郎の硬質なきらめきの方に惹かれていたが、「はるかな」「かすかな」「ほのかな」「やはらかな」「しづかに」「ちひさな」「すきとほった」「きよらかな」と語彙の少ない立原の叙情にも、若くて純粋なままに死ぬことにも、惹かれる気持ちがあった。それからずいぶんの月日がたって、立原をこよなく大切に思う人、実際に立原を知る人に何人も会った。

例えば本郷のペリカン書房の品川力《つとむ》さん。古書店主にして無教会派のクリスチャンで、『内村鑑三全集』の校訂を担当した方だ。戦前はレストラン「ペリカン」を経営していた。立原のこと「大きな目玉のはにかみ屋がいかにもすまないといった顔で、テーブルの隅から『ボオドレエールをお願いします』と頭を下げた」と書いている。ボオドレエルの詩「旅への誘い」にデュパルクが曲をつけ、シャルル・パンゼラの絶唱で知られたレコードを聴くために、しばしばやって来たのであった。品川さんの友人の三輪福松さんが病院に見舞い「何か欲しいものがあったら」といったら、立原は「五月の風をゼリーにして持ってきてくれ」と頼んだそうだ。(品川力『本豪落第横丁』青英舎)

他にも堀辰雄夫人多恵子さん、杉浦明平《みんぺい》さん、生田勉さん、猪野健二さん、上野奏楽堂保存の時にご一緒した海老原一郎さんなどを思い出す。海老原さんは立原と同じ石本建築事務所の同僚だった。代表作に尾崎記念館がある。建築家としての立原は岸田日出刀《ひでと》にも注目され、在学中に辰野（金吾）賞を何度もとった優秀な学生であった。そして堀辰雄に師事し、夏には長野の追分を愛した。

「僕はさびしい所で、くらしているよ。昔、中山道と北国街道の別れ道だった追分という宿場なのだ……」（生田勉あて、昭和九年八月十一日付）

追分に行くとそう書いた、立原の長い影が、しづかな宿場の暑い路上にゆらゆらと見えるような気がする。

咲いてゐるのは　みやこぐさ　と
指に摘んで　光にすかして教へてくれた――
右は越後へ行く北の道
左は木曽へ行く中仙道
私たちはきれいな雨あがりの夕方に　ぼんやり空を眺めて佇んでゐた

さうして　夕やけを背にしてまつすぐと行けば　私のみすぼらしい故里の町
馬頭観音の叢に
私たちは生れてはじめて言葉をなくして立つてゐた

（「村はづれの歌」）

一九三七（昭和十二）年十一月の信濃追分の油屋に滞在中、立原は火災で逃げ遅れそうになった。今の油屋の建物は火事の後、道の反対側に再建されたもので、立原はその新築の資金を寄付した。火事で恐怖を感じた立原の健康は悪化し、盛岡や長崎などを病をおして旅し、一九三八年、長崎で発熱、喀血し、急遽東京に戻る。江古田の東京市立療養所へ入院、翌年、病床で第一回中原中也賞を受賞、三月二十九日に二十四歳で没。

最後は、石本事務所の同僚でタイピストだった水戸部アサイが世話したという。立原が想いを寄せた女性で、別所沼に同行し、立原のいた信濃追分を訪ねている。埼玉県古河のミトベ写真館の先先代の妹だということだが、長崎で九十代まで存命だったという。

三月二十九日の風信子《ヒアシンス》忌には彼の墓のある谷中多宝院で墓前祭の後、場所を池之端の鷗外荘などに移して、朗読や対談、講演などがおこなわれていた。そして、東大弥生門前に立原道造記念館ができたりしたのだが、これは残念ながら閉館。堀辰雄夫人も亡くなられた。一方、立原を愛する人々の手によって、別所沼のほとりに極小住宅ヒアシンスハウスが実現され公開されている。「――林の中にひゆつてがある。ささやかなわびずまひだつた、その中では今ちょうど朝だった。白いれーすのまどかけがひらひらして、をとことをんなが卓にむかつてたのしいぶれつくふあすとのさいちゆうだつた」（「オメガぶみ」より）

彼はここで恋人との暮らしを夢見たのではなかったか？　それとも、病ゆえ、それは不可能だと諦めていたのだろうか。立原の夢想した家々は、建築家が名を挙げ、富を得るためのものではなく、つつましい、楽しい、丁寧な暮らしを作り上げるものだった。「宇宙的なさすらいや大いなる遠征よりも、宇宙を自分の中にきづくこと。狭い周囲に光を集中すること、それが僕の本道だと思う」（「長崎ノート」より）

追分の油屋旅館は閉じられたが、新しい持ち主斎藤さんご夫妻は、かつての思い出を大切にしながら「文化磁場油や」という活動を行なっている。「追分コロニー」という併設された古本屋さん、これも立原が夢想して実現はしなかった「浅間山麓に位する芸術家コロニイ」を連想させる命名だ。

川端康成『伊豆の踊子』

伊豆に行くには「踊り子号」に乗る。

川端康成が『伊豆の踊子』を発表したのは一九二六（大正一五）年、それから百年以上、読み継がれているのは胸をうつ青春小説だからであろう。

「道がつづら折りになって、いよいよ天城峠に近づいたと思う頃、雨脚が杉の密林を白く染めながら、すさまじい速さで麓から私を追ってきた」

秋が深まる頃、二十歳の一高生が朴歯《ほおば》の高下駄に袴姿で伊豆を旅する。修善寺に一泊、湯ヶ島で二泊、ひなびた温泉宿に泊まった後、峠の茶店で旅回りの一座に出会った。古風な髪に結った少女がかわいらしい。つれは四十女と若い女性二人。男衆もついている。湯ヶ島の二晩目に宿に流しで来た一座だった。学生は、この一座にまた会いたいと期待して追いかけてきたのだった。

明日は天城に行くのだろう。

私は川端の作品では、初期のこれが好きだ。なんとも言えない清潔な情緒がある。その後を追いかけて、伊豆を旅したこともあった。

湯ヶ島の湯本館にはまだ川端が執筆した部屋がそのままにされていた。女将は「川端さんは一高時代から毎年いらっしゃいました。小説にこの宿の描写もあるので、ああ書かれちゃあ、変えるわけにはいきません」

川端がきたのは一九一八（大正七）年、その一年前やっと乗合バスが通ったというが、一高生も旅回りの一座も歩いたわけである。実際、小説の茶店の情景で車の走る音がしている。

「今日はどこに泊まるのだろう」と聞くと、茶屋の婆さんは「あんな女たちは客さえあればどこでも泊まる」とバカにするので、一高生はかえって一座への興味を深める。そこからは一高生と一座の追いかけっこのようになる。一高生は天城山隧道《ずいどう》のあたりで、一座に追いつく。だんだん、話をすると、彼らは伊豆大島の人らしいとわかる。夏になると「学生さんがたくさん泳ぎにくるね」という。

峠を越え、湯ヶ野まで下り道に入る。湯ヶ野で別れようとしたが、男衆がとりなして、木賃宿でお茶を飲む。当時、一高生と旅の一座では社会的階層が違うので、一緒には泊まれない。書生は別の宿に泊まる。結局、幼くて素朴な踊り子への慕情は叶わなかった。

これは一高時代、一九一八（大正七）年の秋十月三十日から九日間、川端自身が修善寺から下田まで旅したときの実体験に基づく。踊り子の名前が加藤たみということもわかっている。

この本を最初に読んだ中学生の時には、なんだか美しいモヤのような感じを受けた。しかし、その後に読んだ『眠れる美女』そして京都を美化した『古都』や『美しさと哀しみと』は好きになれなかった。そしてノーベル賞を受けたのに、私が高校生の時に川端はガス管をくわえて自殺してしまった。

ずっと後になって、川端という人の人生を知った。彼は大阪の天満《てんま》で生を受け、今もそこに川端の生誕地の史跡板がある。父も母も早く死んでしまい、祖父母に育てられたがやがて祖父も亡くなった。肉親にバタバタと死なれた彼はみなしごとして成長する。

一高時代は寮にいたが、大学に進むと駒込林町や千駄木町に下宿しており、泥棒が入るので自ら雨戸に「五大力菩薩」と書いた墨書を現在の持ち主に見せてもらったことがある。さらに昭和の初めには谷中の坂町や上野桜木町に住んで、『浅草紅団』を書くために浅草に通った。『葬式の名人』『禽獣』などはこの時代である。しかし東京の市街地の暮らしは、川端にとって落ち着かないものになってきて、彼は妻とともに鎌倉に越す。鎌倉文士という言葉は川端がきっかけなのかもしれない。

高山文彦『火花　北条民雄の生涯』が私の川端観を変えた。ハンセン病の作家北条民雄を川端が見出し、彼を世に出すのに尽力し、彼の葬式にまで参列したことを描いた傑作である。志賀直哉が、北条民雄からの手紙を感染を恐れて庭で焼き捨てさせたのに、川端は彼の手紙に逐一返事を書き、偏見を持たず、この不幸な作家を励まし続けたことを知った。孤児として育った川端の悲しみと他者への同情を感じることができた。

それを知って『伊豆の踊子』を読むと、全然違った風景が見える。大正の、旅芸人の一座などは人間扱いされなかったころ、一座の少女に純粋な思いを寄せた青年が愛おしくなる。川端は、踊り子への愛は叶わなかったが、その後も、本郷の「エラン」というカフェの女給をしていた伊藤初代というかわいい少女に想いをかけ、わざわざ初代の秋田の父親の承諾を得て婚約する。しかし初代から「非常のこと」があって結婚できないと断られ、煩悶からまた湯ヶ島温泉に行き、『伊豆の踊子』の最初の草稿「湯ヶ島での思い出」を書き出す。「非常のこと」とは「エラン」が閉店した後、初代が預けられた岐阜の寺の僧侶に初代が手篭めにあったということなのであった。

「湯本館」の女将からは、川端があまりに湯ヶ島温泉をパラダイスのようにいうので、いろんな人がやってきたと聞いた。宇野千代と尾崎士郎が恋人としてここに泊まり、宇野千代の美貌に恋い焦がれた梶井基次郎が忍んできて浅からぬ仲になる、というようなこともあったという。いつか泊まってみたい。

三島由紀夫『潮騒』の神島

三島由紀夫は私が中学くらいのときに超スター作家で、はじから読んだ。高校生になると、小田実《まこと》や高橋和巳の影響を受け、二・二六事件の将校にシンパシーを持ち、市ヶ谷の自衛隊駐屯地に楯の会の制服を着て乱入、演説をして自刃した三島は嫌いになった。まるで道化ではないか。

今になって『三島vs東大全共闘』を読めば、火中の栗を拾ってなかなか勇気あるな、と思うし、自分も候補だったノーベル文学賞を川端がとったとき、翌朝、庭での伊藤整との座談会の司会を務めた三島の人柄の良いところも認めたくなる。三島にとって川端は師匠だった。川端は「三島君が若すぎるので、私のところにノーベル賞が来た」と謙虚に述べた。圧倒的に三島の方が文章はうまい。しかし三島は「次のノーベル賞は僕ではなく、大江だな」と言ったと聞いた。

三島の作品で好きなのは、処女作に近い『潮騒』、タイトルもいいし、素朴ですこやかな小説はみんなに読んでほしい。

あるとき、鳥羽から市営の連絡船に乗り、「歌島《うたじま》」のモデルになった神島《かみしま》に行ってみた。鳥羽の船の待合所には昔の海女《あま》の絵がたくさん掲げられてあった。船が神島に着くと、食料や清涼飲料水などがどっと降ろされた。予約した「山海荘」のおばさんが私の荷物を持って案内してくれた。ここには映画『潮騒』の時に、三浦友和が泊まったという。

「恋人役といっても、山口百恵さんははるかに大スターで、みんなでガードして別の宿でした。友和さんはその後もバンドの皆さんときてくれたものです」

荷物を置いて、物語の跡を歩いてめぐる。主人公は戦争で父を亡くした久保新治、母が海女で生計を支え、彼も十八歳で漁師になった。

「背丈は高く、体つきも立派で、顔立ちの稚さだけがその年齢に適っている。これ以上日焼けしようのない肌と、この島の人たちの特色をなす形の良い鼻と、ひび割れた唇を持っている」

その彼が日暮れの海辺で、一人の少女を見初めた。宮田初江、養女先から戻ったばかりの船主の娘。

「健康的な肌いろは他の女たちと変わらないが、目元が涼しく、眉は静かである。少女の目は西の海の空をじっと見つめている」

そこから二百四十段上がると、作者が「歌島で眺めの最も美しい場所」と書いた八代神《やつしろ》社に出た。海の安全の神綿津見《わたつみ》の命が祀られている。この島では元旦にゲーター祭りが催されてきた（二〇一八年まで）。大きなグミの枝で作った輪があって、これを島中の男たちが竹で突き上げて落とす。この輪は日輪を表し、悪を払い、平穏無事を祈る神事だが、この竹は女のほと（性器）を刺すという性的な意味もあるという。

この神社で新治は「どうか、わたくしのようなものにも、気立てのよい、美しい花嫁が授かりますように……」と祈りを捧げる。十八歳の新治は読んでいるうちに自分の息子のような気がしてきて、だんだん好もしくなる。船主の娘と母子家庭の息子では家が釣り合わず、恋敵も現れるが、二人は注意深く恋を育てていく。

その二人を見守ったのが、灯台長の夫婦。その神島灯台への道を上がっていく。一九〇八（明治四十二）年に軍艦「朝日」が伊良湖《いらご》水道で暗礁に触れたのをきっかけに、一九一〇年に完成した洋式の灯台だ。今は無人で、官舎への石段だけが残っていた。

島は小さく、歩いてじゅうぶん一周できる。この灯台が一番高く、そこから小説のクライマックスの舞台となった監的哨《かんてきしょう》に至る。一九二九（昭和四）年にできたコンクリートの建物。戦時中、ここで海軍が大砲の試射をした。コンクリートに切り取られた海はますます青く、絵のようだった。

嵐の夜、ずぶ濡れになった恋人たちはここに駆け込み火を燃やし、着物を脱いで乾かす。初江がいう。「その火を飛び越してこい」。しかし、彼らは自分たちの行く末のために、若い情熱をこらえた。

初江のモデルは三島が泊まった宿の寺田こまつさん、ご健在だった。「私は昭和二十八年に、すぐそこの萩原という家から二十一歳で嫁ぎました。名古屋に行って子守もしましたが、島の外に嫁ぐのはよく言われなかった。私なんかあそこに行けと言われたから嫁いで来たようなもので」

義父の寺田宗一が漁業組合の組合長で、明治の男で、凛として怖かった。「三島さんのお父さんが知り合いというので、三月から一ヵ月くらい泊まっておられました。色の白い青年が昼間に島をぶらぶらしてたら、親戚の青年が肺病で療養に来ているんだろうと、そのうち噂になったんやわ」「タコ漁にも連れてってもらいなさって、漁師の言葉をいちいちポケットの手帳に書き留めたりしてね」

新治のモデルが夫の和弥さん、二十六歳の船長として沖縄を通行中、海に飛び込んで命綱をブイにつける冒険もしたという。小説にも出てくるシーンだ。それで船長の父照吉は新治を見こみ、初江との結婚を許す。

「男は気力や、気力があればええのや。この歌島の男はそれでなかいかん。家柄や財産は二の次や」

こまつさんは回想する。「うちの人は早死にだったね、酒をようけ飲んで、心臓肥大で四十七やったろうか。そのときまだおじいさん、おばあさんもいたので、私は学校の給食の仕事をして五人の子を育て上げたんやわ」

島では「新治のモデルになった男をよう知っとるが、気のしっかりしたいい人間だったよ」という人にも出会った。

三島由紀夫は帰るとき、「奥さん、この本が出たら、神島は全国浦々まで知れ渡ります。そしたら島に人が来て賑やかになります」と言ったそうだ。なんという前向きな自信、そして無邪気な観光信仰だろう。その通り、『潮騒』は数十万部のベストセラーになり、三島は一躍、流行作家に、そして『潮騒』は五回も映画化されて、その度に神島にはスターと撮影隊がやってきた。

寺田こまつさんより一世代若い山海荘のおかみさんはいう。

「覚えているのは二作目ね。組合長の家に撮影隊、富士屋に女優さんと監督、うちに男優が泊まっていました。吉永小百合さん、きれいで品があった。私たち子供ともよく遊んでくれました。相手役の浜田光夫さんはあの時化《しけ》のシーンを本当に自分で泳いで渡った。あの頃はのんびりしてたもんねえ」

東京山の手の官僚の家に生まれ、学習院から東大で学び、官僚になった三島にとって、神島の漁業に明け暮れる男たちの世界は、すこやかで、清浄なものに映っただろう。この小説は素朴なようで、丁寧に、用意周到に書かれている。

そして小説にも出てくる、三島が取材のため泊まりに行ったという若衆宿に興味を持った。寝屋子《ねやこ》制度ともいう。このあたりの島々では、青年は家で夕食を食べた後、村の集会所で、同年代の仲間と泊まる。

また別のとき、私は伊勢神宮に行くついでに、答志島《とうしじま》にはまだ若衆宿の風俗が残っていると聞き、一泊足を伸ばした。ここでは島の人望のある人の家が若衆宿になっていた。「若衆宿で世話になった主人夫婦は親も同然、共に過ごした人たちは兄弟同然、強い絆で結ばれて、一生、助け合って暮らすんです」と民宿のおじさんに聞いた。

II

気になる女たち

一葉をめぐる二つの旅——塩山と対馬

樋口一葉の両親は山梨県塩山の出身である。

「我が養家は大藤村の中萩原《なかはぎわら》とて、見渡す限りは天目山、大菩薩峠の山々峰々垣を作りて、西南にそびゆる白妙の富士の嶺は愛おしみて、面影を示さねども、冬の雪下ろしは遠慮なく身を切る寒さ、魚と言ひては甲府まで五里の道を取りにやりて、やうやう鮪の刺身が口に入る位」

一葉作品の舞台は東京の町がほとんどだが、『ゆく雲』の中に出てくる山梨、あまりにもリアルである。もしかして、子どもの頃、母と一緒に帰郷したのではないかと思う。

一葉の父樋口則義《のりよし》は幼名を大吉といい、塩山に近い中萩原村の農家樋口八左衛門の長男として一八三〇（文政十三）年に生まれた。母たきはそれより四年後に古屋安兵衛の長女として生まれ、幼名をあやめといった。

塩山に一葉のことで講演に招かれた時、土地の方が連れて行ってくださったが、すでに家はなく、樋口一族の墓だけが路傍に残っている。則義の弟の喜作が後を継いだが、彼も亡くなったので、処分されたということだった。畑には桃の木が植わっていた。ここから慈雲寺の寺子屋に通う道の途中に、あやめの生家古屋家がある。こちらはまだあった。当代のご主人、文郎さんの話。「うちは代々安兵衛を名乗っております。たきは寺で裁縫を習っていたようですが、それを則義が見染めて、二人で駆け落ちをしたんですね。その時にお腹に子供がいた。それが一葉の姉のふじ、だから村を出て行った後も、二人をよくいう人はいなかったです」

一葉の妹で長生きしたくにの子や孫も故郷に来ていたという。古屋家の人も大きな餅を背負って、東京で文房具屋礫川堂《れきせん》を営むくにを訪ね、帰りには手帳や鉛筆をもらって学校で配ったりしたという。古屋家の先代は大変芝居が好きであったと聞いた。一葉のバックグラウンドがよくわかった。

作中、甲斐絹《かいき》が出てくるが、このあたりは蚕を飼い、糸繰りをする家が多く、そこから八王子を経て横浜に通ずる「絹の道」がある。明治時代の主要輸出商品は横浜から積み出される絹製品であった。横浜には生糸検査所があり、その初代所長が幕末の上野戦争を戦った彰義隊の頭取であった渋沢成一郎《せいいちろう》、この人は明治になって喜作と名を変える。一葉の親戚にも生糸商人として成功した人がいるらしい。この時は「笛吹川温泉　坐忘」という宿に泊まり、そんなに高くないのに部屋もよく、料理もおいしく、お酒の値段などもリーズナブルだったのを覚えている。

対馬と一葉

その後、私は長崎県の対馬を訪ねた。樋口一葉の思慕の人、半井桃水《なからいとうすい》の出身地である。長崎県だが、福岡から行った方が近い。朝鮮半島に近く、島の北の「異国の見える丘」から蜃気楼のように霞む釜山の白い建物が見えた。

桃水を一葉が慕ったことは日記を読めば一目瞭然だ。桃水はその頃、朝日新聞の小説記者で、一葉は友人の紹介で桃水のところに最初は着物の洗い張りや縫い物の仕事をもらいに行った。そのうち別の友人田辺花圃《かほ》が小説『藪の鶯』を書いて原稿料を得たのを羨ましく思った一葉は自分も小説家になりたいと、桃水に教えを請うた。桃水は色白で、丈高く、穏やかで好もしく見えた。桃水が三十二歳、一葉は二十歳である。桃水は親切で、芝の家に訪ねてきた一葉を家族に紹介し、夕食をご馳走し、帰りは人力車を呼んでくれたりした。

半井桃水は一八六〇（万延元）年に対馬藩の御典医、半井湛四郎の長男に生まれた。津和野藩の御典医の息子に生まれた森鷗外と似たような境遇だが、二年早い。しかし幕府が瓦解し、父は桃水を連れ、釜山の倭館《わかん》に赴き、漢籍や医学を学ばせた。江戸時代、対馬藩は朝鮮との友好外交と通商を司り、その釜山出張所が倭館である。父は廃藩置県後も、釜山の街で薬舗を経営した。

一八七五（明治八）年ごろ、桃水は上京して共立学舎で英会話を学ぶ。一八七七（明治十）年三菱商会に勤めて貿易に携わった。

一葉が世に知られる作家となって早世した後、嫉妬もあってか、男性の作家の中からは「一葉に値しない通俗作家」と言われてきたが、最近の上垣外憲一《かみがいと》『ある明治人の朝鮮観』など、半井桃水は朝鮮語に堪能で、征韓論を批判し、韓国を理解しようとした優れたジャーナリストという評価もある。対馬で会った鍵本妙子さんも「桃水は『春香伝』を最初に訳したひとですし、征韓論の時代に韓国とは平等互恵の関係を結ぶべきだといっています。明治新政府でも対馬藩が日韓外交を担ったら、韓国併合以降の悲劇は生まれなかったのではないでしょうか」という。代表作は「天狗回状」、また英雄林正元の活躍により朝鮮に理想の近代国家ができるという「胡沙吹く風」など。

一葉は、桃水を通じて、朝鮮事情を知り、珍しい朝鮮の鶴をご馳走になった。手づから朝鮮風のしるこを煮てもらい、感激している。一葉を世に出すため、桃水は文芸同人誌『武蔵野』を創刊し、創作や編集の苦労を共にした。初期の作「闇桜」「たま襷」「五月雨」などはここに発表され、一葉は作家として出発した。

城下町の厳原《いづはら》に、半井桃水の生家が残っていた。主屋はかなり痛んでいたが、立派な石垣をめぐらした家で、井戸もあった。対馬は石の文化で、どこに行っても石垣や石の蔵がある。大陸や半島の文化はこの島を通じてもたらされた。仏教もここを通って日本に伝わり、遣唐使も朝鮮通信使もここを通った。そのためスエズ運河ではないが、島の一番狭い所を切って舟を通したり、大船越《おおふなこし》といっていったん地上に上がり、舟ごと荷物を運んで、また別の入江から舟に積み替えたりしたらしい。

二度目には「桃水と一葉のことを話してほしい」という依頼があり、いっそのこと、釜山まで足を伸ばしてみようと考え、対馬の方たちと福岡から釜山へビートル号で行き、草梁倭館《そうりょうわかん》のあと、半井家の経営したトンネ温泉の薬舗のあとなどを探した。おいしい鮑《あわび》のおかゆや、海鮮鍋も食べた。対馬市役所が釜山に事務所を置き、学生の交流もしていることを知った。日韓の友好を大事にしたいと思う人たちは、朝鮮通信使の再現文化事業などまでしていた。

帰りは比田勝《ひたかつ》までフェリーに乗り、韓国からの客と日本一小さいのではと思われるイミグレ（出入国在留管理庁）を通過した。船がつく時だけ厳原から係官が車を飛ばすのだそうである。韓国からの中高齢の客たち、女性は赤やピンクのアノラックを着込み、パーマをかけている人が多かった。私もその中に並んだ。彼らは雨森芳洲《あめのもりほうしゅう》や、抗日闘争（義兵運動）により対馬に流された崔益鉉《チェ・イクヒョン》という人のお墓を訪ね、また山に入って漢方薬になる野草を採取するという。「なんでこんなすごいもの生えているのに採らないの」と。

その時、すでに半井桃水の生家は壊され、跡に半井桃水館という文化施設ができていた。本物を壊し新しい建物を建てることには賛成しかねた。しかし地元の人に聞くと、前の建物は半井桃水の生家とも確定しがたく、シロアリの被害で修復は無理だったという。その時、桃水の前の妻、成瀬モト子の墓にもお参りした。「森さん、今度はヒトツバタゴの花が咲く頃においでよ」という誘いが嬉しかった。

桃水は早死にしたこの最初の妻を忘れかね、一葉がいくら慕っても、桃水の心は得られなかったようである。しかし、一葉の「雪の日」の日記など、桃水の隠れ家を何度も一葉は訪ねており、借金もしているところから、二人の間に何もなかったとは考えにくい。一八九六(明治二十九)年の一葉の死後、日記が刊行された時も、桃水は「こんなに恋されているとは思わなかった」と見事にしらを切り続けた。日露戦争では従軍記者となり、大浦若枝という小唄の師匠と再婚、この人も対馬藩士の娘だという。その後、朝日の記者として、日本の伝統芸能について多くの記事を書いた。

桃水の墓は私の家の近くの駒込養昌寺にある。住職に尋ねると「半井家の子孫はずっと見えていないし、とっくに無縁になっているのですが、たまに一葉さんの恋人を探してくる方がいましてね」と、そのまま立派なお墓が立っている。

富田林で出会った人　石上露子《いそのかみつゆこ》

大阪の富田林《とんだばやし》寺内町という街をなぜだか歩いていた。国の町並み保存地区に選定されたので行ったのだと思う。そこにひときわ立派な杉山家という重要文化財の屋敷があり、あ、これがあの、石上露子の実家だと知った。私が明治の女性詩人の詩で最も美しいと感じるのはこれだ。

ゆきずりのわが小板橋
しらしらとひと枝のうばら
いづこより流れか寄りし。
君まつと踏みし夕に

いひしらず沁みて匂ひき。

今はとて思ひ痛みて
君が名も夢も捨てむと
なげきつつ夕わたれば、
あゝうばら、あともとどめず、
小板橋ひとりゆらめく。

（「小板橋」）

日本語で書かれた恋歌として絶唱ではなかろうか。

杉山家は造り酒屋。本名杉山タカ、筆名ゆふちどり、石上露子。露子は活発な子で、短髪に男の着物を着て坊ちゃんと言われていたそうだ。写真で見ると美しいひとである。

「四つ辻をまがる長い袂のふりから真白いゴムまりがころげ落ちた。それをゆきずりの見にくい男の子がひらつてゆく。私はまりになりたくない」

男に選ばれ、所有される人生、それを忌避した物言いである。生母とは生き別れ、妹は早く嫁に出されて死ぬ。好きな人がいたが、旧家の跡取り娘として婿を取り、三人の子供を産む。すべてに先立たれた。
露子は明星派の歌人だが、詩はこの「小板橋」一篇のみ、『明星』時代の短歌が八十首、随筆五編のみが残されている。

秋かぜに人ぞ恋しきうらめしき死ぬと遠野に別れても猶

娘時代に上京した時に出会って面影を宿した男性への思い。
意に染まぬ結婚後、夫に作歌を禁止され、二十三年の長い空白ののち、夫の死後、再び歌を作り『明星』の後継誌『冬柏』に復活する。

思へども長き月日のわりなきに薄れし恋と歎きこそすれ
竹むらに夕の風のさわぐだにかのまぼろしをふと胸に抱く

石上露子は一八八二（明治十五）年富田林に生まれ、一九五九（昭和三十四）年富田林に死んだ。

堺の大きな菓子屋に生まれて、家を捨て、恋と自己表現に賭けた与謝野晶子、同じく福島の酒問屋に生まれて、彫刻家高村光太郎と生活と芸術の両立を模索した高村智恵子、臼杵の大きな醬油屋に生まれて、漱石の弟子となり、百歳目前まで小説を書き続けた野上弥生子、彼女たちの背後に何人の移動できなかった石上露子がいたことだろうか。旧家の奥のひんやりした暗い空間を覗きながら、私はこの土壁の重さに耐えかねた。

林きむ子の群馬つながり　『大正美人伝』

もう二十年くらい前、林きむ子という人の伝記を書いたことがあった。彼女は明治大正を代表する美人だが、最初の夫、富豪で代議士の日向輝武《ひなたてるたけ》は群馬県藤岡の出身、二番目の夫、薬剤師で童謡作詞家の林柳波《はやしりゅうは》は群馬の沼田の出身だった。きむ子に興味を持ったきっかけは、彼女が一九一八（大正七）年に、富豪の夫を亡くした後、六人の子供がいるのに、年下の薬剤師と結婚し、世の轟々たる非難を浴びたと知ったことである。この時、『青鞜』を主宰した平塚らいてうは弁護した。彼女自身、まったく収入のない、年下の画家と結婚して、生活に四苦八苦していた頃だった。日向きむ子という人は、美しいばかりか、踊り、三味線、和歌、文章にも優れ、社会改革の気持ちを持った人だった。

調べれば調べるほど群馬つながりである。

一八八四（明治十七）年にきむ子は市川はな、芸名竹本素行《そこう》という女義太夫を母として生まれたが、素行は群馬の松井田の生まれである。その頃、女義太夫は今のアイドルほどの人気があって、素行も「どうする連」という追っかけがあった。父親は豊竹和国太夫といって、これまた有名な義太夫の名人である。芸の上で師匠となる三十も年上の男との間に娘を産んだのである。

しかし素行には巡業があり、きむ子の美貌と利発を見込んだ新橋浜の家の女将、内田花の養女になって、芸事を仕込まれた。この人も実名を花というのだが、元は新橋芸者で小浜という名で井上馨《かおる》の恋人であり、高杉晋作や桂小五郎とも交流があった。結局は新橋の地回りと一緒になり、浜の家は伊藤博文や山縣《やまがた》有朋も使ったし、右翼の頭山満《とうやまみつる》や杉山茂丸《しげまる》も陣取って、きむ子は彼らに可愛がられた。待合政治とはこのことに由来する。

そのままゆけば浜の家の跡継ぎになるはずが、十六歳の時にアメリカ帰りの富豪、日向輝武に求婚される。この人は藤岡の生まれで、前橋中学から創立当時の東京専門学校（早稲田大学）に学び、藤岡の緑野《みどの》教会で受洗、自由民権運動に関わって日本にいられなくなり、サンフランシスコで日本語新聞に寄稿、さらに移民事業に手を染めて巨万の富を築く。藤岡にも行ってみたが、大きな神社の囲いの石柱に名前があるだけで、何もわからなかった。代議士としては数回当選、しかし「選挙に落ちればただの人」である。

それにしても群馬という県は面白い。のちに同志社大学を起こす新島襄《じょう》が創立した安中教会は日本人が創立した最初の教会である。そのせいか、群馬県では早くから廃娼運動が起こり、今も県の条例で、売春は他県より厳しく取り締まられていると聞く。

自由民権家がアメリカに雄飛するのは田村紀雄『アメリカの日本語新聞』に詳しい。しかし、日向はのちに移民事業に乗り出し、アメリカ移民に必要な見せ金を貸し付け、その後、給料や仕送りも関係の京浜銀行を使うように誘導、巨万の富を築いたのは、搾取ではないが、収奪だといってよい。

帰国した日向は日本広告（今の電通）を創設し、若く美貌の妻を迎えて田端に広大な屋敷を持ち、間に二男四女が生まれた。当時はまだテレビがなく、芸能人より名流夫人が雑誌のグラビアなどを飾り、美しい代議士夫人、そして筆も立つきむ子は随筆や談話の常連だった。そのうち牛乳風呂に入り、蛇を愛して飼っているという伝説が生まれ、田端の屋敷は「蛇御殿」と呼ばれた。着飾ってパーティにも出かけたが、やがて「新真婦人」のメンバーになり、救世軍の慈善運動にも協力した。

ところが、日向輝武は一九一五（大正四）年に、大浦事件という瀆職事件に巻き込まれ収監。これは内相大浦兼武が政友会を買収するための金をそれとしらずに受けとったという事件だったが、気の小さな日向は精神を病んで一九一八（大正七）年に死去。六人の子を抱えたきむ子は財産もなくし、小石川の小さな家に逼塞《ひっそく》して同情された。

しかし、この人は打たれ強かった。起死回生の策として、池之端で一中節や踊りの師匠となり、小絲源太郎や市川猿之助が習いに来たという。さらに、惚れたはれたの花柳界のものだった日本舞踊を、日本古来の舞踊芸術として取り戻そうと、中流や山手の令嬢たちに教え、童謡舞踊なるものを考案する。

一九一七（大正六）年に赤城山に静養に行ったきむ子は隣室の学生、林柳波と出会い、翌年、赤城山を歩き回って二人で遭難し、助けてくれたのがスキー選手、猪谷《いがや》千春の祖母である。

一九一九（大正八）年に再婚すると、子供が六人いるのに、九歳年下の薬剤師と結婚するとはと世論の批判を浴びた。貞女二夫にまみえずというではないかと。

相手の林柳波は一八九二（明治二十五）年、これも群馬県の沼田の生まれである。沼田に行ってみると、土岐家の領地で林家はその家臣だった。

柳波は、きむ子が考案した「美顔水オーロラ」の改良に協力した。しかし当時、薬事法はどうなっていたのか。この美容民間薬がどのように効果があったのかは知られていない。また、柳波は太陽光線にあたるなどの民間療法の提唱もしている。そして野口雨情や本居《もとおり》長世《ながよ》など、きむ子の人脈と出会い、自らも童謡の作詞家となった。沼田の公園には「おうま」「うみ」などの柳波の童謡が碑になっていた。

二人の間にはさらに二人の娘が生まれた。

きむ子が考案した童謡舞踊の振り付けは雑誌のグラビアにも紹介され、全国で披露された。戦時中になると、柳波は文部省国民学校教科書編纂委員をつとめ、彼の作詞が教科書に採用された。しかしこの中で「たなばたさま」については権藤花代から著作権をめぐる訴えが戦後になされている。

戦時中、この二人の人生も多難であった。娘が結核に罹り、サナトリウムに入れたのをきっかけに、長野の小布施《おぶせ》に疎開、中山晋平の計らいで土地の旧家市川家の離れに身を寄せた。きむ子は桝一《ますいち》市村酒造の市村家などの協力で地元の女の子に舞踊を教えた。小布施堂という栗菓子の老舗でもあり、江戸時代は高井鴻山《こうざん》を出した地方の豪商である。中央の名士である柳波は小布施の初代公民館長を務めた。

ある冬、私は一人で小布施に行った。葛飾北斎の「八方睨み大鳳凰図」の天井画のある岩松院の床は冷え切って、私の足は凍りそうであった。桝一市村酒造のレストランで、冷えた吟醸酒で刺身をいただく。こんな山の中にこんなおいしい刺身があるなんて。外は雪が降りしきる。その情景を見ながら、娘を戦時中、サナトリウムで死なせたきむ子の気持ちを考えてやるせなかった。

林芙美子のあとを歩いて

作家林芙美子は死後もずっと読まれ続けている希有な作家である。それは『放浪記』『めし』『晩菊』『浮雲』など彼女の作品が映画化されたこと、テレビドラマとして放映されたこともあるだろう。

しかしやはり「青春小説」を持っていることが強い。彼女の自伝的作品『放浪記』。芙美子は伊予出身の商売人の父と鹿児島出身の母を持ち、父が他の女を引き入れたため、母は二十も年下の男と娘を連れて九州の炭鉱地帯を行商して歩く、というきわめて特異な底辺生活を送った。

私は彼女が生まれたという門司や住んだ下関、長崎に行った。芙美子が通った長崎の勝山小学校は原爆でその後、大変な被害を受け、建て替えられていた。そして直方《のおがた》の駅前には、幼い芙美子があんパンを売っていたところだが、文学碑が立っていた。幼少の頃、預けられたという桜島にも行った。鹿児島の船着場からおよそ二十分、そこに火山灰に覆われた赤褐色の土地があった。古里観光ホテルの露天風呂に浸かると芙美子の放浪記の冒頭が浮かんできた。

私は宿命的に放浪者である。
私は古里を持たない。
私は雑種でチャボである

母キクの弟が、桜島で温泉宿をやっており、そこを手伝っていたキクと宮田麻太郎が懇ろになり、桜島で芙美子を身ごもったという。キクは他にも複数の男性との間に複数の非嫡出子を生んでいる。子供が生まれたとしても認知も求めない、どうにか育てていく、という性格であった。そんなことを考えながら露天風呂に入っていると、海は暮れていく。空は淡紅色からだんだん群青色になっていった。左に伸びるのが大隈半島、右に伸びるのが薩摩半島、桜島はあたかも鹿児島湾という子宮に着床した真珠のようであった。「山で薪拾いをしたりして随分辛かったそうじゃないの」と島のおばあさんに聞いた。桜島の林久吉の宿はとっくに潰れてしまったとのことだった。そしてその時私の泊まった古里観光ホテルもその後廃業した。

この鹿児島は『浮雲』で、屋久島に行く富岡を思いきれないゆき子が追いかけて行った港でもある。そして原生林の中でゆき子は死んでしまう。成瀬巳喜男の『浮雲』では鹿児島までは実際現地でロケをしたが、屋久島とベトナムの高原ダラットは伊豆でロケをしたらしい。

芙美子は『文学的自叙伝』で「処女作は『風琴と魚の町』」と言っている。とすれば、『放浪記』は小説でなく、日記、ノンフィクションと言っていいのだろうが、それにしては事実関係に間違いや故意のフィクションが多い。芙美子自身、自分は明治三十七年の生まれだと言ったり、十二月三十一日に生まれ一月五日に出生届が出ているのに、五月の晴れた日に生まれた、と書いたりしている。何が本当かわからない。うっかり信じるとつじつまが合わなくなってくる。

尾道

九州での行商の後、義父の沢井と母キク、芙美子が思いがけなく降りたのは山陽本線の尾道。ここで、父は「肋骨」という軍服まがいを着て薬の行商、いわゆる「オイチニの薬屋」となり、三人は二階の間借りを転々とする。尾道の駅前にも、着物姿でしゃがんだ林芙美子の像が建つ。実物よりもきれいだ。ここで少女の芙美子は「タコの天ぷらが食べたかなァ」とねだるのだが、今も尾道では往来におばさんたちが屋台店を開いて、新鮮な魚を売りにくる。『風琴と魚の町』は尾道時代を回顧した、本当に美しい作品だと思う。

芙美子が通った土堂小学校は今もあり、そこには門前に芙美子の文学碑があり、のちに有名な作家になった芙美子が来た時ここで写したコート姿の記念写真も残されている。たくさんの現役女学生に囲まれながら、芙美子はちっとも嬉しそうではない。教師のたっての勧めで尾道市立高等女学校、現在の尾道東高校に進学、これは彼女の境遇を考えたら幸運なことだが、そのために夏休みは女中奉公や工場で働き学資を稼いだ。卒業後、因島《いんのしま》の岡野軍一と恋をして、彼が明治大学に入学したのを追って芙美子は上京する。

私は海の見える尾道が好きだ。ここは千光寺とか浄土寺とかいうすばらしいお寺がある。一時、志賀直哉が住んだという家も高台にある。芙美子について尾道市立図書館で話をした時に、旅館魚信《うおのぶ》という古い建物の宿に泊まったが、これが実に居心地がよい。客室を開けるとぱあっと尾道水道が見え、ひたひたと海水が部屋の中に入ってくる気さえする。食事のあと一銭ポッポで向島《むかいしま》に渡ったり、ビルなどあまりない街のホテルの最上階のバーで海を眺めるのも楽しい。

そのとき尾道で入った「ら・ぽると」というピザ屋の味が忘れられず、松山の仕事の帰りに、今治に出て、そこから高速フェリーで瀬戸内海を渡って尾道に着いたことがある。ちょうど最後の本四架橋が完成まぢかで、青い海と白い橋桁が美しかった。島に着くたびに二、三人がひっそりと降りる。途中私は因島で降り、岡野軍一の家を探そうとしたが、観光案内所で聞くと住宅地図を広げて「この通り、岡野ばっかりですわ」と言う。のちに大作家になった林芙美子の最初の恋人だったために、その後も追われる男性も気の毒だと思い、断念した。ここからはバスで尾道に渡れる。山の斜面には黄金色のみかんが点々と光っていた。

尾道のピザ屋で、タコのマリネと小エビの生ハム巻きをつまみに海を見ながらビールをゆっくり飲み、そのあとペスカトーレのピザを堪能した。帰りに駅前でまた屋台のおばさんが分厚いイカを売っていたので「夕方まで持つなら買っていくんだけど」と言うと「今朝採れたばかりやもん、夜までだって大丈夫。今日は刺身で食べて、明日は八宝菜にすればよかと。炒め物にしてもいいよ」と言う。二千円分を千五百円に負けてもらいリュックに詰めると、どさ、という感じに重くなった。尾道から四時間の新幹線は長かった。家に着いてすぐに刺身にし、残りは生姜と炒めた。死ぬほどおいしかった。

東京

尾道から芙美子の「東京放浪」が始まり、岡野のいた雑司ヶ谷、中野の成子坂、根津、田端などに住む。職業としては事務員、女中、風呂屋の番台、あて名書き、セルロイド工場の女工、カフェの女給……。転々とするのは物書きを目指す者にとっては悪いことではない。洞察力さえあれば、それが文学者としての肥やしになる。二日間何も食べないこともあったと書いている。

根津時代の一九二三（大正十二）年、関東大震災が起こる。ここの記述も貴重だ。新宿の十二社《じゅうにそう》にいた両親を探しに米を背負い、歩いて数時間かけて新宿にたどり着くと、入れ違いに立ち退いており、床屋のカミさんの好意でむしろを敷いてもらい一泊する。そして翌日また根津へ。古い家は危ないので、根津神社の境内で野宿、そして灘の酒蔵のお得意様救出罹災者船に紛れ込み大阪へ、懐かしい尾道に戻る。ここには、「災害ユートピア」ともいえる人々の「おたがいさま」の親切が描かれ、三・一一以降の東京や、コロナウイルス流行の中での相互扶助も思わせる。

東京時代、はっきりしているだけでも、最初に追ってきた島の男、次には小劇団の主宰者田辺若男、肺病病みでDV（家庭内暴力）の詩人野村吉哉の三人と芙美子は同棲するが、そのほかにもたくさんの男との小さな出会いと関係はあったようだ。男たちを芙美子は「過ぎてゆく並木」にたとえている。

野村とは本郷追分町の蓬萊館で同棲し、その後、道玄坂から太子堂に移った。しかし野村のDVに耐えかね、家を出て新宿のカフェの女給となる。近くには新宿遊郭、今の新宿二丁目があった。「いっそインバイにでもなろうかしら」という芙美子の独り言が実行された可能性はある。

「私はとても男に甘い女です」と芙美子は述懐しているが、暴力を振るい、「メス、豚、ブス」などと罵る野村と別れてなお、彼女は金を貢いだり、手紙を書いたりする。芙美子の戦後の小説『浮雲』では、主人公富岡があれだけ不実でダメ男なのに、ゆき子はどこまでも追いかけていく。まるで「マノン・レスコー」か、映画「モロッコ」のゲーリー・クーパー演ずる外人部隊の兵士を追いかけるマレーネ・ディートリヒのようである。林芙美子が男性に人気がある理由かもしれない。「振り切っても振り切っても追いかけてくる女」というのは男を「俺はモテる」と錯覚させるからである。

旅が好き、海が好き

しかし現実の芙美子は、男に甘いだけでなく、強運と度胸の持ち主で、相応の努力もした。大正が昭和にかわる頃、本郷区駒込蓬莱町大和館にいた温厚で誠実な年下の画家、手塚緑敏《まさはる》と出会い、結婚して添い遂げた。それでも放浪癖は抜けきれず、夫を置いてどこかに出かけて帰ってこないことが、浮気も含めてたくさんあったらしい。妻の文学的な能力を信じた夫はそれに黙って耐え、家でマネージャー役に徹した。

一九三一（昭和六）年には『放浪記』の印税で、フランスへ旅立つ。これも画家外山《とやま》五郎を追っていったものといわれ、かの地でも森本六爾《ろくじ》、別府貫一郎《かんいちろう》らとの交際、そして白井晟一《せいいち》との短い恋があった。

「旅は恋よりも私を夢中にさせてしまいます」と林芙美子はいう。新宿の女給時代も息が詰まると、彼女は横浜へ、神戸へ、そして母のいる高松へと気軽に出かけてしまう。後先は考えない。そして機転もきき、要領もいいので、旅先で仕事を見つけたり、要するにうまいことやっちゃうのである。パリへ向かうシベリア鉄道の中でもボディランゲージだけで、乗客や車掌に結構モテている。

美人ではないが、人あしらいがうまく、声がよく、歌ったり踊ったりも好きだった。「下駄で歩いた巴里」という随筆があるが、まさに、初めてのパリでバゲットを抱え、卵や肉を上手に買い、下宿で料理しては日本食に飢えた日本人に振る舞ってまたモテた。その中には仏文学者渡辺一夫もいる。生活力が半端なかった。

芙美子が一番愛したのは海であろう。生まれた門司、長崎、下関、桜島、尾道、高松、すべて海が見える土地である。

千葉のいすみ市日在浦《ひありうら》に行くと公園に林芙美子の大きな碑が立っていた。あれ、こんなところにも来たんだ、と意外に思ったが、確かに、『放浪記』第一部の終わりの方に、カフェの女給生活に疲れた芙美子が外房線の安房小湊行きに乗り、三門《みかど》あたりで降りるシーンがある。そして宿とも言えない宿に泊まり、とれたてのイワシをわしわしと食べる。芙美子の作品は晩年になるにつれ文章も洗練され円熟味を増した、と言われるが、私はやはり、なまな感情をぶつけ、世の中を呪っている貧乏時代の『放浪記』が一番好きなのである。

増山たづ子『すべて写真になる日まで』――岐阜・徳山ダム

二〇一六（平成二十八）年十一月、岐阜で行われる「水俣展」に参加することになった。『チッソは私であった』の著者、緒方正人さんとの対談を終えて、翌日岐阜に住む写真家の大西暢夫さんに電話をすると、宿まで迎えにきてくれた。彼が二十代だった三十年前から知っているが、独立し、傑作ドキュメンタリー『水になった村』を作った後、故郷の岐阜に引っ越し、畑をしながら築百年の民家を直しているという葉書が来た。「近くに来たらお立ち寄りください」を真に受けて連絡してみたのである。

現れた大西さんは「なんかこの辺らしいもの食べました?」と聞く。いいえ、まだ、というと「じゃあ、味噌煮込みうどんを食べに行きましょう」と車を出した。ふうふう言って食べていると、大西さんは汗だくだ。若いわねえ。

「午後どうします。徳山ダムを見に行きますか？」

願ってもないことだ。大西さんは車を走らせる。

「僕はこの揖斐《いび》川に沿った池田町の出身です。高校は大垣高校」。どんどん山の中へ入っていく。木之本という看板が出た。「西に行けば滋賀県、北に行くと福井の鯖江に抜けられます」

大西さん、何年、徳山村の取材をしたの？

「十年くらい。交通費が出ないので、東京からバイクでこの道を走りました。今はずいぶん良くなったけど、前は街灯もないし、ガードレールもなかったりして」

ゆきえさんはじめ村にへばりついたばあちゃんのところに通い、息子のように可愛がられ、農作業も手伝い、一緒にご飯を食べた。大西さんの仕事に『山里にダムがくる』の写真にはじまり『水になった村』『僕の村の宝物』まで徳山村に取材した一連の本がある。

徳山ダムが見えてきた。ええええ、こんな巨大なものだったの？

「だって徳山ダムは多目的ダムとしては日本最大のダムですよ。堤の高さは百六十一メートル、貯水量は六億六千万トンです。浜名湖の二倍。ロックフィルダムという工法です。

水面が見えるところまで行ってみましょう」

百聞は一見にしかず。なんでこんなところにこんな大きなダムをつくったんだろう。地図で見るとトカゲのような形。

「一九五七年の策定です。一九七一年から計画調査、三十七年かかって、二〇〇八年十月十三日竣工しました。二〇一一年に湛水開始。目的は木曽三川の一つ揖斐川にダムをつくり、岐阜や愛知に水を安定供給すること、揖斐川下流の洪水調節、工業用水、それと水力発電ですね」

数字が全部頭に入っている。大西さんが徳山ダムに興味を持ったのは、子供の頃、神山征二郎監督の『ふるさと』という映画を学校で見たこと。「ダムに水没する村のおじいさんを加藤嘉さんが演じていた。ああ、自分の家の近くにこんな電気もガスも水道もない村があるんだなあ、と思ってのちに通い続けることになりました」

食堂も備えた展示会館「徳山会館」があって、大西さんの友達の中村治彦さんがいた。

「お、今頃きたの。十二月七日に閉館だから、もうカウントダウンだぜ」

中村さんは小さい時は猟師になりたかったという。お父さんは何をしていましたか？

「ドカタです。この辺はそれしかない。道を作る、保守する、植林する。そんな仕事はいくらでもあった。昭和二十三年に大火があって村の半分燃え、二十九年にあと半分燃えた。みんな気落ちしている矢先にダム建設地に指定され、反対なんてする気力がなかった。昭和三十二年にダムになると決まってからも父は木を植え続けた。うちは最後までいた方です。昭和五十二年くらいからラッシュのように離村が始まりました。両親が宿屋もしていたので、先に村を離れた人が泊まりに来る。『おめえんとこはいいな、仕事があって』という。補償をもらって町に出ても仕事はなくなってしまった」

大西さんが、これこれ、森さん買うといいよ。と増山たづ子さんの写真集を指差した。三千三百円もするし重いが、ここで出会った縁を大事にしようと思う。ずっと村を撮り続けたおばあちゃんカメラマンとして、何度も雑誌などで見た人である。

増山たづ子は一九一七（大正六）年、徳山村生まれ、十九歳で結婚したが、夫は戦争に行き、インパール作戦に参加して行方知れず、弟も戦死した。たづ子は「もし、夫が帰ってきたときに村がなくなっていたら説明のしようがない」と思った。「国が一度やろうと思ったことは必ずやる。戦争でもダムでも」だからダム反対運動より、今の村を記録することを選んだ。

ここにあった普通の暮らしがたくさん写っている。春の草摘み、笹巻きづくり、田植え、屋根直し、コメの収穫、干し柿、芋茎《いもがら》むき、紅葉、雪景色……。

「難しいカメラじゃなく、イラ（私）でも扱えるカメラがないかな」ということで紹介されたのがピッカリコニカ、最初はフィルムの入れ方もわからなかったが、村の運動会を皮切りに「ちゃんと写っておったときにはこんな嬉しいことはなかった」という。

プロの写真家でもある大西さんが激賞する。「こういうあったかい暮らしの写真はなかなか撮れるものではないです。ずっとここにいる人でなければ」

干し柿の間から顔を出す夫婦、重たい芝を持つおばあちゃん、運動会、花見、田植え、冬支度、日付の入った写真だ。徳山村には縄文時代の遺跡がある。そんな昔からここには人が住み続けてきたのだ。

増山たづ子さんは二〇〇六（平成十八）年に八十八歳でダムの完成を見ることなく亡くなった。ときには毎月二十五万円もの費用を写真につぎ込み、いくつもの写真集が生まれた。『すべて写真になる日まで』はその集大成ともいえる。カメラばあちゃんのすべてがここにぎっしり詰まっている。都市の利水治水、発電という一方的な目的で、上流の穏やかな山村の暮らしが根こそぎ奪われる。群馬県の八ッ場ダムでもそうだった。熊本県では川辺川ダムのそうした面に熊本県が気づき計画を中止した。しかし長崎県では風光明媚な川原《こうばる》集落に県営石木ダムをまだ推進中だ。

時のアセスメントでいらないとわかった後でも公共工事は続けられる。それに群がって食べている人たちが政治に大きな力を持っているからだ。増山たづ子さんの写真は「忘却への抵抗」であると、編者の小原真史さんは述べている。

徳山ダム、初めて見たが、上から下を見ると高所恐怖症の私はクラクラした。

「まだ一度も放流してないんですよ」

空は暗くなりかけた。徳山村という地名はなくなり、藤橋村となっている。ふと北海道の義母の旧姓が藤橋だったことを思い出した。この人気のない村に立派なプラネタリウムがある。「こんなものなくたって空は満天の星なのになあ」と大西さんが呟いた。

二〇二〇年、大西さんは徳山村取材の集大成『ホハレ峠』（彩流社）を出版した。

『夢千代日記』の湯村温泉

冬に鳥取に招かれた。せっかくだから日本海のカニはいかがでしょう、と主催者が湯村温泉の「橋本屋」を予約してそこまで送ってくれた。

鳥取空港は風でなかなか飛行機が降りられない日がある。その日はうまく降りたが、湯村までの道中、雪になった。明日の夜は鳥取に泊めてもらえるが、今日は自費研修。一度は行ってみたかったところである。小ぶりな宿で、きれいなおかみさんが丁重に迎えてくれた。

送ってきた人は明日の準備があるので「後はよろしく」とさっさと引き上げ、私は窓から降りしきる雪をぼんやりと見ていた。町の中に川が流れ、赤い欄干の橋があり、人影は少なく、湯の町情緒がある。

カニを食べる前に少しは散歩してみよう、と宿の下駄をつっかけ、近くに夢千代館があるので行ってみた。もう入ったその瞬間から、一九八一（昭和五十六）年、家にまだテレビがあった頃、結婚したてだったろうか、夢中になって観たドラマをやっている。

早坂暁《あきら》の脚本、余部《あまるべ》鉄橋、そのバックに流れる過去を手探りするようなやや不安な音楽。親に先立たれ、主演の吉永小百合は温泉芸者夢千代。湯村温泉で「はる家」という置屋を経営しているが、そこには謎の人物が次々にやってくる。わけありの女も飛び込んでくる。脇を固める置屋の人々、夏川静枝、樹木希林、秋吉久美子、大信田礼子、中村久美、はしゃいでいてもどこか悲しい女たちの寄り合い所帯。これは吉永小百合にとって代表作といえるだろう。『キューポラのある街』『青い山脈』の十代アイドルスターが、三十代後半になるとすがれて、静かで深い佇まいに変わる。着物姿が田舎の温泉町によく似合っていた。

ぼんやりと、昔のビデオや、夢千代にまつわるものを見て時が過ぎた。

あ。そろそろカニの時間。

おかみさんが着物姿で世話してくれる。カニは刺身、茹でたもの、焼きガニ、しゃぶしゃぶと食べきれない。満腹になって少し休み、温泉に入る。湯煙の中で懐かしい、さっき思い出した歌を口ずさむ。『夢千代日記』で芸者たちが踊るのが「貝殻節」。

なんの因果で貝殻漕ぎなろた　カワイヤノ　カワイヤノ
色は黒うなる身は痩せる　ヤサ　ホーエヤホーエヤエー　ヨイヤサノサッサ

太鼓に合わせたこの歌がいつまでも頭に残る。『夢千代日記』は浦山桐郎監督で映画化されたが、やっぱり、テレビの武満徹の音楽には敵わなかった。
もう一度、見たいと思うテレビドラマの筆頭である。

吉野せい『洟《はな》をたらした神』——震災支援のいわきにて

この本を教えてくださったのは画家の安野《あんの》光雅さんで、彌生書房から立派な箱入りの本を装丁したので、あなたにも一冊あげる、読んでみてください、と言われたのである。

「春ときくだけで、すぐ明るい軽いうす桃色を連想するのは、閉ざされた長い冬の間のくすぶった灰色に飽き飽きして、のどにつまった重い空気をどっと吐き出してほっと目をひらく、すぐにとび込んで欲しい反射の色です」

吉野せいは、一八九九（明治三十二）年に福島小名浜の裕福な網元の家に生まれ、検定に合格して小学校の教師を務め、若い時から文学に親しんでいた。そして詩人であり、農民運動家であった三野《みの》混沌《こんとん》と結婚、好間《よしま》の菊竹山《きくたけやま》の開墾に従事する。夫婦関係は長い間に起伏があったようで、夫の死後、家事や農作業から解放され、七十五歳でこの本を出した。書き慣れた文章ではない。すらりとは飲み込めない。だが、自分の言葉で、自分の体験を書いているので妙に重い。大地からすっくと生えた樹木のようだ。とても書けない文章だな、と思いつつ読んだ。

再読したのは、二〇一一年の三月十一日の東日本大震災にあって、私がいわき市の避難所に炊き出しに行った時である。大塚モスクのムスリムの人たちと、カレーライスを作って避難所に配って歩いたのだが、その場所こそ、まさに吉野せいが生まれたあたり、暮らしたところなのであった。

網元の家に生まれたが、農家の次男に嫁ぐ。そうすると農地は長男が継いでいて、次男は荒れ地を開墾しなければならない。長男と次男の差別がある。この近くに磐城《いわき》炭鉱がある。農民は流れ者である坑夫をよそ者として警戒し、軽蔑する。何重にも差別はあった。

またいわきには戦時中、アメリカ軍の捕虜もいた。彼らがクリスマスを祝うため農家にきてもみの木を所望する。しかし敗戦によって捕虜は勝者である占領軍の一員になる。そしてかつてもみの木を融通してくれた農婦にタバコを投げてよこすのだ。

自我の強いもの同士、夫婦はうまくいっていない。しかし家庭はあり、子供を育てなければならない。熱の出た赤ん坊を医者に診せる金がなくて死なす。北海道に移住した詩友猪狩満直《いがりみつなお》のかなしい生涯。そういうさまざまな矛盾が、借り物ではない、自分の言葉で語られている。その彼女の耕した大地が今まさに、東京電力福島第一原子力発電所の過酷事故によって、放射性物質が降りそそぐ土地になっている。読みながら、野菜を洗い刻みながら、湯本温泉の素晴らしい掛け流しの湯に浸かりながら、あれこれ考えて寝付かれなかった。

二百食くらいの夕飯を作ると、あとは暇。空いた時間で初めてのこの土地、国宝白水《しらみず》の阿弥陀堂に行ったり、街中でラーメンを食べたり、やはりいわき出身の詩人、草野心平の墓参りに行ったりした。

『洟をたらした神』の超高齢新人はセンセーションを呼び起こし、その年の大宅壮一ノンフィクション賞と田村俊子賞を受けた。しかしその副賞の世界一周航空券で初めての海外旅行に向かった吉野せいは体調を崩し、翌年世を去る。こうなると、賞を受けたのが良かったのだか、悪かったのだか。それでも彼女が世に認められ、読み継がれることはすばらしい。

　また、この作品が、一九七八（昭和五十三）年、テレビドラマ化される際、原作にない原子力発電所が息子が働いている場所として登場することに、遺族が抗議して、結局放映されなかったと知った。神山征二郎監督、新藤兼人脚本というのが、意外に思える。映画としては公開されたが、この福島原発の過酷事故によって、吉野せいの故郷がどれくらい傷つけられたかを思うと、複雑な感情が湧く。

　三・一一以降、これは今こそ読むべき本に思え、各文庫の編集者などに、文庫化を勧めたのだが、二〇一二年十一月末になって中公文庫になった。

POST CARD

料金受取人払郵便

小石川局承認

9109

差出有効期間
2021 年
11 月 30 日まで
(切手不要)

112-8790

127

東京都文京区千石 4-39-17

株式会社　産業編集センター

出版部　行

★この度はご購読をありがとうございました。
お預かりした個人情報は、今後の本作りの参考にさせていただきます。
お客様の個人情報は法律で定められている場合を除き、ご本人の同意を得ず第三者に提供することはありません。また、個人情報管理の業務委託はいたしません。詳細につきましては、「個人情報問合せ窓口」(TEL：03-5395-5311〈平日 10:00 〜 17:00〉) にお問い合わせいただくか「個人情報の取り扱いについて」(http://www.shc.co.jp/company/privacy/) をご確認ください。

※上記ご確認いただき、ご承諾いただける方は下記にご記入の上、ご送付ください。

株式会社 産業編集センター　個人情報保護管理者

氏名《ふりがな》

(男・女／　　　歳)

ご住所　〒

TEL：

E-mail：

新刊情報を DM・メールなどでご案内してもよろしいですか？	□可　□不可
ご感想を広告などに使用してもよろしいですか？	□実名で可　□匿名で可　□不可

ご購入ありがとうございました。ぜひご意見をお聞かせください。

■ お買い上げいただいた本のタイトル

ご購入日：　　　年　月　日　書店名：

■ 本書をどうやってお知りになりましたか？

□ 書店で実物を見て
□ 新聞・雑誌・ウェブサイト（媒体名　　　　）
□ テレビ・ラジオ（番組名　　　　）
□ その他（　　　　）

■ お買い求めの動機を教えてください（複数回答可）

□ タイトル　□ 著者　□ 帯　□ 装丁　□ テーマ　□ 内容　□ 広告・書評
□ その他（　　　　）

■ 本書へのご意見・ご感想をお聞かせください

■ よくご覧になる新聞、雑誌、ウェブサイト、テレビ、
よくお聞きになるラジオなどを教えてください

■ ご興味をお持ちのテーマや人物などを教えてください

ご記入ありがとうございました。

III　旅で出会った本

誇りたかい石見人《いわみ》　『ふるさとを築いたひとびと』

「狭い日本そんなに急いでどこへ行く」という交通標語があるけれど、どうして日本は広い。少し行けば、今は山中、今は浜……と、多様な風景が現れる。人々の暮らしや気質もまた多彩だ。

島根県・津和野の森鷗外記念館に招かれた帰り、ふと思い立って日本海沿いを車で走ってみた。浜田という所に出た。家の近く、東京の日暮里・善性寺にある「浜田藩殉難諸士碑」の浜田じゃないの。急に気になって浜田市役所を訪ねると、同市教育委員会編『ふるさとを築いたひとびと』をめぐまれた。

大坂の陣で勲功をたてた古田重治《しげはる》が、一六一九（元和五）年石見五万石を賜り、城を築いて十八代。しかし幕末の浜田は悲惨であった。当時の藩主は六代将軍徳川家宣の弟・清武を祖とする松平右近将監家《しょうげんけ》の武聰《たけあきら》である。実はこの人、水戸の徳川斉昭の十男、すなわち十五代将軍慶喜の弟に当たる。その彼が倒幕の急先鋒、意気軒高たる長州に隣り合わせた。

六歳で養子になり、浜田に来たのは十七歳。藩政の逼迫《ひっぱく》を知り、自ら綿服を着て倹約にいそしみ、製紙、和鉄、木蠟《もくろう》などの殖産に励んだという。しかし一八六六（慶応二）年、第二次長州戦争の際、突然発熱、脚がはれ、指揮を取るどころではなかった。

親藩として長州と戦うべきだが、力の差がありすぎる。このとき領内を押し通ろうとした長州軍に対し単身、関門を死守した岸静江が名を残す。武聰夫人寿子は「此の城の主におわしませば、国とともに存亡せさせ給うべし」と強気だったが、重臣らに説得され、武聰「自焼退城」。一八八二（明治十五）年まで生き、四十一歳で没。無念であったろう。

日暮里・善性寺は松平右近将監家の祖、清武の菩提寺、だから浜田藩の碑があるらしい。浜田城跡へ登るとボウボウと風が吹く。司馬遼太郎氏による「浜田藩追懐の碑」が建っていた。「石見人は誇りたかく、その誇るべき根拠は、ただ石見人であることなのである」うまいことというなあ。何度も読んで飽きなかった。

自分たちで住みよい地に　『手掘隧道《ずいどう》物語』

毎年初夏の週末に行われる大分県「ゆふいん文化・記録映画祭」。これほど心のこもった充実したイベントは珍しい。昨年、テレビドキュメンタリーなど、過去の名作から最新作まで全九作品を見て、一つもはずれがなかった。

中に、新潟で住民が手掘りでトンネルを掘った話『掘るまいか』（橋本信一監督）があった。感動して、ついロビーで関係する『手掘隧道物語』も買ってしまった。

「これは交通不便な山間部に暮らしてきた人びとが、強靱な意志と不屈の根性で逆境の克服に挑んだ実録である」。この冒頭の一文がすべてを物語る。

新潟の東竹沢村小松倉（現在の山古志《やまこし》村）。大豆や小豆をつくる山村で気候がよければ桃源郷だが、町まで十キロ。上り下り一里、中山峠を越えねばならない。ことに冬は必ずカンジキをはき、一足ごとに雪々ふみしめてもっさもっさと歩いた。吹雪の日には峠の薬師堂で雪を避けた。ことに病人が出ると困った。担架に病人を乗せ、大勢で代わる代わるかついで峠を越えた。途中で遭難したり、医者まで間に合わないこともある。「この峠さえなけりゃ…」「おら村の、冬道沢からこっちの水沢へ向けて、トンネルを掘ればいいんだ」。とほうもない思いつき。だが五百間（約九百メートル）としても、六十軒で協力すれば「一軒あたり八間とちっと」。一年に一間ずつ掘れば八年で穴があくはず。

一九三三（昭和八）年、村人たちはツルハシ一つで山にたちむかった。「中山隧道開鑿《かいさく》期成会」を結成、初代委員長小川金作。せせら笑う人もあった。農閑の冬しか掘れなかった。凶作の年もあった。脱落者も出た。戦争がはじまった。なお数人が地下でコツコツと「モグラのまねごと」を続ける。開通したのは戦後、一九四九（昭和二十四）年五月一日、着手以来、十五年五ヵ月、「あいたぞうッ」。

感激もつかの間、まもなく高度成長が始まって土木予算がつき、立派な舗装トンネルが開通する。あの苦労は何だったのか。もちろん著者は答えている。「現在なら政治の力を頼み公費を投入して行われるであろうそれらの事業が、いずれも地元の村びとたちの労働と経費負担によって行われた」。自分の村は自分で暮らしやすくする。その尊さを忘れていいはずはない。

唄えば旅がよみがえる　『糠部《ぬかのぶ》地方の盆踊り　ロマンのナニャトウヤラ』

高校三年の国語教科書に柳田国男の随筆「清光館哀史」が載っていた。大好きで、今にいたるも読み返している。

民俗学者で高級官僚でもあった柳田は、どうして暇を見つけたものか、旅をよくした。いまよりはるかに交通不便なころ、青森の八戸から岩手の海岸沿いに下り小子内《おこない》という集落に着いて、とある漁師宿に泊まる。その家ではお盆であるのに、客を泊め、もてなしてくれた。盆の月夜、女たちは浜辺で盆踊りをする。金紙、銀紙を切りはりして、前かけに飾って。

〈なにャとやーれ　なにャなされのう〉

後年、柳田が再訪すると、主人は漁に出て遭難し、もうその宿はなかった。しかし盆踊りのことをたずねると、同じ文句、同じメロディーが女の口からもれる。失われたものへの哀惜がたまらない。

長らく念願して私もやっと小子内へ。

「清光館哀史」の碑は、跡地に有志によって立てられたらしい。しかし浜はすでに堤防で海とへだてられていた。

柳田はこの唄を「どうなりとなさるがよい」という女から男へ呼びかける愛の唄だと書いた。しかし浜でコンブを干していたおばあさんに聞くと、「海からもなにもとれね、山にも食べるものがねえ、どうしたらよかっぺ、という唄」だと私に教えてくれた。

『糠部地方の盆踊り　ロマンのナニャトウヤラ』という本にめぐりあう。著者工藤亨氏は青森・三戸生まれで岩手県種市町の教育委員会に勤めた。素朴な本だが、便利な楽譜と歌詞付き。中にはおおらかなエロチシズムが感じられる詞が多い。

「ナニャトウヤラ」の起源としてはなんと、ヘブライ語に由来する大和民族進軍歌説、南朝にちなむサンスクリット語説、浪花節と同じ唄い出し説、亡者の供養説、木遣《きやり》説、護身歌説、凶作嘆声説とさまざまあるらしい。さしずめ、浜のおばあさんの教えてくれたのは最後の説だろう。唄ってみるとふいに旅の風景がよみがえった。

胸に迫る日本人の暮らし　『段々畑』

思い立って愛媛県・宇和島の先の遊子《ゆす》という集落をたずねた。松山、内子、五十崎《いかざき》はたまに行くが、宇和島から先は行ったことがない。

ここはリアス式の入りくんだ海で、少し前までは「段畑《だんばた》」とよばれる階段状の狭い畑がみごとだった。目の前は海、後ろは山、人びとはその急斜面をせっせと開墾した。肥を担って登り、芋麦を背負って降りた。「耕して天に至る」。いまも残る石積みの土留め。その労働の過酷さは想像を絶する。

宇和島藩政時代から営々と切り開かれた段畑は、戦後、人びとが都会に流出し、真珠の養殖が行われ、暮らしが豊かになると、放棄されていった。

「私んとこはまだやってますよ。上まで道がついて車で上れるし、よほど楽になったがねえ。段畑の芋は甘いんだ。日中に石垣が太陽熱でぬくもって、夜中も土があたたかいから」と六十いくつのオジはいう。

一昔前の段畑を写した、原田政章さんの写真集がある。一九二六年生まれ。海軍特別幹部練習生を経て、終戦後、集魚灯、バッテリーを村々に売り歩いた。その営業にカメラを携えていった。

息をのむ写真だ。

どこまでも続く段畑。耕す人の顔に刻まれたしわ、肩の荷こぶ、赤ん坊を背負っての農作業、むしろ編み、海の見える丘での弁当……。つらいばかりではなく、そこにささやかな喜びもあっただろうことが、婚礼や祭り、闘牛、ほほ笑む家族たちの表情から伝わってくる。〈段々畑の暮らしを撮影した当時は、都会で働く村出身の人たちが、貧しい田舎生活を見られて肩身の狭い思いをしないかと、発表を遠慮していた〉そうだ。段畑の多くは耕作放棄され雑木林になっている。

二〇〇〇年になってやっと写真集が刊行され、好評らしい。文がまたすばらしい。朗読すると来し方百年の日本人の暮らしが惻惻《そくそく》と胸に迫る。

段畑の上でオジは雑木林を指し、「こんなに荒れてしもうて」と嘆いた。人手が入らず、荒れ果てたのか、自然に戻ったのか、私には分からない。

蔦《つた》温泉で見せた別の顔　『大町桂月《けいげつ》』

青森県十和田湖近くの蔦温泉「蔦温泉旅館」。あこがれながらもなかなか行くことができないでいた。

一人旅の帰りに昨夏、立ち寄ってみると、思った以上にすばらしいたたずまいである。木造の古い建物、通された部屋は小ぶりで落ちつき、窓からの眺めもよい。縁側のいすに昔風の白い布のカバーがかけてあって、懐かしささえ催す。

蔦温泉というと「文芸評論家・大町桂月の愛した」と枕詞がつく。「酒仙、鉄脚の旅人」だそうだが、あちこちで名を見かけるわりに、作品は読まれていない。大方「一時売れた紀行作家」くらいに思っていたが、蔦温泉には彼の墓と碑まであった。

一九二五（大正十四）年六月十日、桂月はここで五十六歳で没したという。しかも一九〇八（明治四十一）年に初めて訪ねてより十度、蔦に足を運び、滞在日数延べ約二年。つきあいはなまなかなものではない。

温泉の三代目主人、小笠原耕四郎さんがまとめた『大町桂月―作品と資料でつづる桂月の青森県内における足跡』を帳場でもとめた。包んでくれた寡黙な老人が当のご主人らしかった。四千三百円は高いが、それ以上に充実した本だ。

「蔦温泉は山中の一軒屋也。自炊の客をも迎へ、遊人をも迎ふ。玄関よりも、浴室が前に突出して、浴槽三間四方、優に百人を容るゝに足る」「八月より九月に亙りて、滞在することと幾んど一箇月に垂んとす。地は清浄にして、人は淳朴也」「山沼、もしくは山川にて漁したる鱒、虹鱒、姫鱒、岩魚、鯇《やまめ》など、日に膳に上る」「蕗、独活、薊《あざみ》、しどけ、ぼうな、こゞみなど、山の青物塩漬にせられて、なほ鮮なるを覚ゆ」。文語体の名文で、土地への愛着が伝わる。

桂月はゴムの細い管でチューと酒を吸った。「ナリフリはかまわんお人でした」という当時の主人の回想などもある。大町桂月といえば、与謝野晶子の「君死にたまふことなかれ」を乱臣賊子とバッシングしたことでも有名だが、蔦温泉では、また別の顔を見せている。本を包んでくれたご主人は今年四月に亡くなられたと聞いた。

ユーモラスな島の人々　『ニロースク　小浜島の風便り』

那覇から飛行機を乗り換えて石垣へ。そこから船で三十分ほどの小浜島。同じ八重山でも西表島や竹富島ほど知られていないが、じつにのんびりした所だ。

車で案内してくれたのが島での生活をつづったエッセー集『ニロースク　小浜島の風便り』（八重山方言で「海の向こうにあると信じられている理想郷」の意）の著者つちだきくおさん。本業は歌手で、リゾートホテル「はいむるぶし」で毎晩ライブ。というと気楽そうだが、本土から来て住みついて島にとけ込むまでに相当の苦労があった。「小浜島の風便り」と副題のついたこの本、住まねばわからぬ小さな島の暮らしがある。

五回通って結局移住、赤瓦の家のバアちゃんにトタン屋根の離れを借りた。朝六時には縁側にだれか来てユンタク（茶飲み話）が始まる。「ウチはよー、昔はこれでも、小浜小町って言われてたサー」。なぜかポークランチョンミートの缶詰、栄養ドリンクの差し入れも。でも夜雨《ゆあみ》は容赦なく屋根をたたき、夏は朝から室温三十三度。冬はサトウキビ刈りのオジイの「明日手伝えんかー」の視線を避けてサングラスをかける。「先祖の土地をヨ、このまんまにしとったら、荒れて申し訳がたたんサー」というオジイにほだされ、ついにキビ畑を借り「歌う農業しぇいねん（青年）」に。

初めて民放がついたとき、「民放の受信料はいくらかねぇ」と聞いたオバア。九十七歳のお祝い行事カジマヤーのパレードでは、主役のオバアはオープンカーで居眠り。七十五歳の長女が付きそい役で「ばあさん、起きれー」。起きたバアちゃん、体が反応してカチャーシーを乱舞。

一方、若者たちは軽トラックの窓から毛深い腕を出し、頭にはタオルを巻き、助手席に麦わら帽子の彼女をのせて、時速十五キロ、両側がサトウキビ畑の農道「シュガーロード」を走る。カッコいいなあ。ウリズン（若夏）、カーチバイ（夏至南風）、そんな文字面だけで私の八重山病がうずく。「シカにが、行くかー？（石垣島に行くんですか？）」という、あののびやかで元気な言葉が耳について離れない。

土地ゆかりの作品を復刻　『名張少女』

十年ほど前、三重県の名張に招かれたことがある。三重県は訪ねる機会の最も少ない県なので、喜んで受けた。

田山花袋《かたい》著『名張少女』という一九〇五（明治三十八）年の小説の復刻を手がけたので、花袋について話してほしいとのことであった。花袋は自然主義作家として全盛を極め、高校の国語でも習うが、それは文学史の一コマであって『蒲団』や『田舎教師』など代表作すら読まれていないこと、自然主義のもうひとりの代表的作家、徳田秋声と同様である。

一方、岩波文庫に収められた『東京の三十年』は九歳で上京して、丁稚として働いた花袋の自叙伝のようなもので、地誌、風俗誌として面白いし、また大町桂月に負けないほど紀行文を書いたことも知った。ただし花袋の故郷は群馬の館林で、ご当地作家ではない。

「名張へは数度行つた。赤目四十八瀑、香落渓、月の瀬梅渓等、此の町の周囲には天下の景勝が中々多い。史蹟にも相当富んでゐて、女人高野の室生寺も程近い」と、一九二九

（昭和四）年六月、『名張少女』のはしがきに花袋が書いている。

ドイツ文学者と結婚して幸せな家庭生活を送るお弓は、夫が旅先の島ケ原で仲居のお園を知り、その汚れなさに打たれて東京によび寄せ、愛人として囲っていると告白される。お園は胸の病で死の床にあり、やさしいお弓は夫をゆるし、共に死をみとる。告白体の中編で、当時の花袋が明治浪漫主義の影響下にあったことがわかる清潔な作品といえよう。ちょっと連城三紀彦さんの『恋文』を思い出させる。「伊賀の國、名張の町、―このやうにやさしい娘の多い町は、何《ど》んなに平和に、何んなにすぐれた処でせうか」（『名張少女』より）

名張というと毒ぶどう酒事件ばかりが耳目を引く。「名張を冠した文学作品はこれしかなく、ほかは江戸川乱歩が明治二十七年父の赴任先の名張で生まれたぐらい。文学とは無縁の土地とは思われたくなくて」と復刻した川上弘子さんはおっしゃった。

そのときは物語にも出てくる月ケ瀬で宴もあった。そして名張は車谷長吉さんの『赤目四十八瀧心中未遂』という土地ゆかりの名作を持つことになった。

先進的な女性育てた地　『蘆花《ろか》と愛子の菊池』

熊本の菊池というところへ初めて行った。

温泉があり、古い町並みがあり、中世には南朝の皇子を奉じ、菊池一族が都を開き覇を唱えた。これを隈府《わいふ》という。

一八七四（明治七）年になって隈府町に原田愛子という女の子が生まれた。熊本英学校女子部を経て東京女子高等師範学校へと進学、日本橋区有馬尋常高等小学校の訓導となる。樋口一葉より二歳下でしかないこの少女は、明治女性のエリートコースを進み、一八九四（明治二十七）年、同じく熊本県水俣生まれの徳冨蘆花と結ばれる。

蘆花といえば『不如帰《ほととぎす》』『自然と人生』『みみずのたはごと』を書いて明治・大正のベストセラー作家であった。というより、私には大逆事件の理不尽さに怒り『謀叛論』を書いた人として印象深い。愛子は夫の浪費癖になやみながらも、仕事の下書きをし、共に世界を旅し『日本から日本へ』の共著を出した。当時としてはめずらしい二人三脚である。

『蘆花と愛子の菊池』によれば、『思出の記』（明治三十四年）の冒頭の舞台は菊池で、主人公の名は菊池慎太郎。しかし蘆花はそれまで一度も菊池を訪ねたことはないという。〈僕の故郷は九州、九州のちょいと真中で、海遠い地方。幅一里長さ三里という『もつそう』の底見たような谷は、僕の揺籃《くれえどる》です〉〈水がよくて、米がよい。因《そこ》で田舎のくせに酒屋が多い〉。まさに愛子の生家は酒屋であった。

一九一三（大正二）年になってようやく、夫婦は菊池を訪れる。〈あら、あの柿は隣の屋敷になっている…（中略）…あ、ここに倉があった。何だか小さくなったようです〉（『死の蔭に』）。蘆花は妻の失望を見逃さない。失われた時の淡い悲しみだ。

二人は晩年を東京・世田谷に暮らし、いまそこは「蘆花恒春園」として公開され駅名、小中学校名、マンション名にも蘆花の名を冠するが、その名のいわれを知る人も少なくなった。

菊池市では蘆花と愛子を記念して隈府を「ワイフ」と読みかえ、ここを「愛妻のふるさと」とするイベントも行っている。手のかかる夫を操縦しながら自分をまっとうした、実に見事な女性だと思う。

なにげない奄美写す『MABURAI』

あこがれの奄美大島へ着いた。着いたは良いが、地図で見たよりずっと広い。たまたま笠利町《かさりちょう》で知りあった笠利町立歴史民俗博物館長で考古学者の中山清美さんに「夜の森が見たい」と言ったら鹿児島県名瀬市の写真家浜田康作さんを紹介された。「中山さんの紹介なら」と見ず知らずの私を案内してくれた浜田さん。精悍であったかい人だった。特別天然記念物アマミノクロウサギは見られなかったが、草むらを走る獣の気配を感じた。真っ暗な木の下で、いつまでも葉の音や鳥の羽の音、カエルの声にひたっていた。

最近はエコツアーと称して「ウサギ一匹見せたらいくら」という商業主義すらはびこり、野生動物の巣の近くまで人間が近寄りすぎだという。興味本位で見にいかないこと、そっとしておくことの大切さを森の中で少し学んだ。

帰りがけに「よかったら見てください」といただいたのが『MABURAI——静かなる

豊饒』という二冊組みの写真集。まず判型も本のつくりもレイアウトも型破りだ。

写真の一つ一つにいろんな感情がかきたてられる。しみじみ、かわいい、ショック、なつかしい、ギョッ、さわりたい、いいにおい、おいしそう、いいなあ、暑そう。ほとんど闇で真っ黒、というページもある。何度めくってもあきない。

〈サンゴ礁の海や干瀬《ひし》、照葉樹林の大自然は亜熱帯特有の鮮やかさがあり、それはとてもすばらしいものです。しかしそれらを写すことだけではシマジマの表面に過ぎない事に気がついたのです〉

たしかに真っ青な明るい海、常緑の森、といった奄美のイメージがどんどん壊されていく。それは〝切りとられたイメージ〟にすぎないのだ。ここにはむしろ夕方の暗い海、夜の森、網を直すひと、昼寝するひと、学校へいく子供……暮らしの中のなにげない風景がある。〈丁寧にシマを観るためには、そこに身を置いて漂ってみる必要がありました〉

添えられた少ない言葉の強さ。いつかまた奄美に行って一ヵ月くらい漂ってみたい。全身の感覚をフルに動かして気持ちよくなりたい。

暮らし息づく庶民の町　『善光寺散策案内』

信州には見どころが多い。広い。

そのおへそが長野市で、県庁所在地でもあって善光寺の門前町というのがスゴイ。でも、あくまで主役は駅からのびるダラダラ坂の最奥にある善光寺で、県庁は遠慮して横の方。

宿坊に泊まった翌日、中央通りの一本裏に古い民家を改造して「金斗雲」なる喫茶店を見つけた。そこで買ったかわいらしい本『善光寺散策案内』。ガイドブックなのだが、どこか違う。

サイズもデザインもロゴも、若々しくて手づくりでいい感じ。これを読むと善光寺のことが過不足なくわかる。

五五二年に百済王から贈られた仏像は本田善光が背負って運び、六四二年、いまの地に草堂を建てたとされる。一宗一派にこだわることない庶民の寺。千手御前や虎御前をはじめ女人救済の寺。信仰をひろめた聖《ひじり》たちのこと。あるいは戦国時代のご本尊の流転……。

もう一度、長野駅から表参道をゆっくりと歩き返したくなった。参道に沿って善光寺までの距離を示す丁石があって駅前は十八丁石（一丁＝百九メートル）。如是姫の像を見、石童丸の伝説で知られる西光寺へ。大門町のレトロ建築、八十二銀行大門町支店や善光寺郵便局、レストラン五明館、旧本陣・藤屋旅館を眺め、宿坊通りを抜けたらいよいよ仁王門。仲見世から三門へ。境内入り口から三門までの美しい敷石が七千七百七十七枚あるとか、三門の額の中に鳩と牛が見えるとか、「トリビアの泉」風に細かいことが書いてある。

全体に、お寺やお店におもねらず、自由なスタンスで書かれ気持ちがよい。一番のお気に入りは最後の「善光寺77景」。若い人が歩いてみつけた〝マイブーム〟。洗濯屋ケンちゃんから、三河屋洋傘店の北澤さん、リスカレーの看板や風の通り道まで、善光寺がエラソーな観光地でなく、ちゃんと庶民の暮らしが息づいている町であることを教えてくれる。

このイラストを描いたり、喫茶店「金斗雲」をやっていたのは「ナノグラフィカ」というグループの若者たちだそうで、その低くてあたたかい目線に脱帽した。

異文化との出会い　『ほっかいどう語』

結婚というのは凄まじい異文化コミュニケーションである。

一九五四（昭和二十九）年に東京の長屋で生まれ育った私は、一九七九（昭和五十四）北海道岩見沢市出身の男の人と結婚した。おかげで北海道と縁ができ、二十歳で最初に訪問した冬に、飛行機に乗ったも生涯で初めてで、ものすごく厚い長いコートを着ていった。ところが家の中はオンドルで暖かく、ちっとも寒くなかった。

その時、人生初めてということが色々あった。市民スキー場で夕方スキーを楽しむ人々を見た。そのリフトで上がった上からは三角屋根のかわいい家々が雪の中に埋もれていた。今では雪を落とさないで載せたままにしておく耐雪ハウスの普及で、こんな三角屋根も少なくなってしまったが。

彼の母方の出身地、万字炭山を訪ねて、リンゴやニンニクや蜂蜜で味をつけたジンギスカン鍋を食べたこと。町のラーメンがとても濃厚でおいしかったこと。長ネギでなく玉ねぎが入っていたこと。居酒屋で大きなホッケを炉端焼きで焼いて食べたこと。夏に訪ねた時に知床や釧路、網走刑務所やアイヌの人々の住む平取《びらとり》を訪ねたこと。

本棚の隅から『ほっかいどう語——その発生と変遷』が出てきた。これも早く婚家に馴染もうと、北海道で見つけて買った本である。一九七六（昭和五十一）年の六刷りだからもう売ってはいないだろう。

次男の嫁として北海道に帰省すると、びっくりすることばかりだった。姑とか嫁という上下関係はなくて、なんだか飯場で合宿しているようだった。それもそのはず、実家は木材会社で、山を丸ごと買って、木だけ切って売るのだそうだ。父親は親方と呼ばれていた。母は炭鉱夫の十三人兄弟の末っ子だった。

会社はうまくいっていて家は天井も高く広かった。「まゆみさん、ゴミ投げてきてちょうだいね」はどうしていいかわからない。北海道では「捨てる」ことを「投げる」というのだと教わった。部屋はきちんと片付いている。「あずましいねえ」は気持ちがいいということ。反対に「あずましくない」は居心地が良くない。なんとなく落ち着かない感じがよく出ている。「いずい」ともいう。「几帳面な人だ」というのは最大限の褒め言葉。東京の共働き家庭で、狭い部屋を丸く掃くような家で育った私にはぐさっときた。長い冬、一日中家の中にいるから、家は広々と、片付いていないといけないのだった。どこの親戚を訪ねても、豪華ではないが、家は片付いていた。

かと思うと、北海道の家には冷房のクーラーもないし、綺麗好きな割には食品衛生には無頓着なところがあった。東京だと暑くて湿気が多いとすぐ食べ物は悪くなるから、食べきるか、捨てるかするのだが、北海道では「いたましい」、もったいないと言って、おはぎでもなんでもそのまま卓の上にあった。たまにその上に白いカビが生えてきたことがあった。

夏は涼しくて乾燥していていいけど、冬は大変だ。手袋を「はく」（はめる）という。寒い日は「しばれる」という。夫の使う言葉一つ一つが新鮮だった。こわい（疲れた）、ゆるくない（楽じゃない）、はんかくさい（バカバカしい、この本によれば福井県の一部で使われていた）、かっちゃく（引っ掻く）めんこい（かわいい）。それからサケのことを「あきあじ」、と言ったり、トウモロコシのことをトウキビと言ったりした。すべてが新鮮な言語体験だった。

夫とはその後、別れたけれど、この本はまだ手元にある。北海道はあちこちから集まった開拓民が作った言葉のるつぼだそうだ。角田、白石、栗山などは伊達藩、いまの宮城県から行った人たちが作った町だ。宮城の地名をそのまま使っている。戊辰戦争で官軍に負け、士族たちは新天地開拓を目指した。倉本聰さんの『北の国から』はちょうど、子育てをしている頃だった。いま家にテレビはないが、母の家で再放送などで見ると涙腺が緩む。「そだねー」「だべさ」「したのかい」。語尾を聞くだけで涙がわくのだった。

大阪の立ち呑み　『足立さんの古い革鞄』

大阪に編集工房ノアという小さな出版社があって、すばらしい本を出している。知る人ぞ知る詩人、小野十三郎《とおざぶろう》の本とか、その中にこの本があった。

読み終えて、こんなに後味の良い本も今どき少ないな、と思う。一九二八（昭和三）年、大阪生まれの庄野至が、忘れられない五人のことをさらりと語る。庄野さん自身、町の普通のおじさんだし、五人の人も、冒頭の足立巻一《けんいち》を除けば、市井の人だ。その足立にしたって、私は『夕暮れに苺を植えて』『夕刊流星号』を書いた足立のファンだけど、その名をどれほどの人が覚えているだろうか。

しかもここに現れる「足立さん」は作家ではなく、放送局の顧問なのである。著者は、一九五二（昭和二十七）年に、新日本放送に入社、プロデューサー、映画部長、制作局長を務めた。今の大阪毎日放送である。その若き日、「始まったばかりの放送局」で初めて芸術祭参加番組を作る。その相談に足立に乗ってもらったのである。児童救護施設をテーマにした「荒れ野」の脚本を足立巻一が書き、著者が演出した。「庄野ハン、ええ雰囲気が出てまっせ」と肩を叩いてくれたが、この作品は惜しくも芸術祭の入賞を逃した。「二人だけでヤケ酒でも飲みませんか」と夕方、約束の時間の大阪駅に行くと、足立さんが、いつものヨレヨレのレインコートを羽織って、膨らんだ古い革鞄を下げてニヤッと笑って立っていた。そしてガード下の、足立さんが行きつけの飲み屋のノレンを二人はくぐった」

「落選作家と演出家にはこんな店が似合いまっせ」

なんと大阪らしい情景だろう。そしてああ、確かに、足立巻一とはこんな感じの人であったろう。本の一番いいところを引用するのは気がひけるが、このくだりはタイトルの由来するところでもあり、帯にも引かれているから許してもらおう。

足立巻一は戦後に『新大阪新聞』というタブロイド判の新聞に情熱を傾けた男、通称「夕刊流星号」の伝説の編集長ののちのポルトレである。そして大阪には、少しヨレヨレの、でも童心を忘れない人間どもが静かに酔うことを許すこんな酒場があるのだ。私だって、寺島珠雄《たまお》や北辻稔や太田順一と飲んだ数々の酒場を思い出す。この本に出てくるたくさんの人間臭い人々。人の世の不思議にため息をつきたくなる。

著者、庄野至さんは帝塚山学院創設者、庄野貞一の四男だそうだ。徳島生まれの貞一は郊外住宅地にいい学校を作りたいという旦那衆に見込まれた。兄上は作家庄野潤三である。以前、縁あって至さんと帝塚山あたりをトコトコ歩いたことがある。ハンチングをかぶり、ズック靴で、「今日はBコースです」とニッコリされた。いかにも歩き慣れ、道の選び方は的確自在であった。そして駅に着いた頃は黄昏。よほど、「ガード下で一杯いかがです」とお誘いしたかったのだが、できなかった。

この本には足立巻一の通夜の帰り道、酒場で冷たい缶ビールを立ち飲みする庄野さんの姿がある。ぐいっと飲めば足立巻一の声が聞こえる。

「ビールが飲める、平和な、ええ時代になりましたで」

そんな心地よい晩酌を、東京からたまたま案内を請うたものが邪魔して良いものか。私は後ろ姿に「ありがとう」と呟いた。ズック靴の庄野さんはたちまち駅前の横丁に消えていった。

頼りになる本　『温泉博士が教える最高の温泉』

いや、参りました。これほど率直で、利害関係なく書かれた温泉本は見たことがない。うなづくことばかりだ。岡山の弁護士であられる小林センセイ、みな身銭を切って入った湯ばかり、だから極上湯にあたって喜ぶ姿も、ひどい目にあった悔しさも納得できる。

「循環湯や塩素殺菌の湯は温泉ではない」

その通り。「どこの誰が浸かったかわからない温泉を最大七日間もぐるぐる回して、その不衛生を塩素で消毒している。塩素を入れれば臭いもするし、肌にも悪い」。主張はあまりにも真っ当だ。「そもそも循環風呂に美人の湯も美肌の湯もあり得ません」「循環湯の浴室に源泉の分析書を掲げても意味がない」

ところが温泉業界有力者の政治力か、わが国ではそれがまかり通っている。なかんずく「掛け流し温泉」まで塩素消毒を義務付けている県が宮城、栃木、長野、神奈川、奈良、鳥取、長崎、鹿児島など、「掛け流し温泉」の宝庫なのだ。

「掛け流し温泉でレジオネラ症が発症したことは一度もない」

私も高校生のとき那須の北温泉に行ってからはや五十年、温泉大好き。仕事先では自費で延泊、選ぶ宿がセンセイと同じ。「鉄筋ビルでない、ひなびた、コスパの良い、掛け流しの宿」。おお、大好きな虎杖浜《こじょうはま》民宿500マイル、鉛温泉藤三旅館、鳴子温泉ゆさや、下部温泉源泉館、高峰温泉、網代温泉平鶴……から、わが一押し、壁湯温泉福元屋まで、懐かしい宿が湯のようにドバドバ出てくるではないか。「激しく同意」したのは「洗い場に石けんがあること」。あのべとべとした液体のシャンプーやボディソープはなかなか洗い落とせないし、川を汚すのではないか、といつも気になるのです。

本物の秘湯を求めて、式根島からトカラ列島、登山も辞せず、時には熊に出会い、時には崖から落ちかける。その探求心に脱帽。「七大質素な温泉」とか「五大不思議温泉」とか、こういう番付が好きなのって可愛すぎやしませんか。大分県別府明礬温泉のへびん湯「ヘビは出ませんでしたが、出ると嫌だな、という感じの野湯です」。この純真素朴なコメントに好感が増すばかり。

早速携えて、オススメの湯めぐりに行こう！

IV

おやおやこんなところにいましたか。

『古文書返却の旅』網野善彦

一九九九（平成十一）年、この本が出てすぐに買って読んだ。網野善彦さんは中世史の研究者であるが、無縁という遊行者の存在に着目、百姓＝農民、水呑＝貧しいという通念に異議を申し立て、海上交通の自在さ、豊かさにも着目して人気があった。特に「借りた資料を返さない」ことがテーマのこの本は、地域雑誌『谷中・根津・千駄木』を発行して十五年目の私たちにはとても身につまされる。

聞き書きをしていると、「こんな資料あるよ」「持ってってもいいよ、返してくれればね」と言われることが多い。ところが、忙しさにかまけて複写を怠り、返しに行く手間がなく、そのうち誰から借りた資料かわからなくなってしまう。人ごとではないのであった。

網野さんは若き日は「革命を夢想する」活動家であったが、敗戦後の空腹の時期、食べるためもあって一九五〇（昭和二十五）年、日本常民文化研究所の所員として月島にあった水産庁の東海区水産研究所に勤める。前年からはじまった漁業制度改革のため、全国各地の漁村の古文書を蒐集、本格的な資料館を建てようという企画だった。しかし、資料の分類、目録作成、筆写、校正などに経験がなく、どのくらい時間と労力がかかるのかわからなかった。あちこち回ってどんどん借りてきた資料を原稿用紙に筆写する。三十万枚の原稿が横浜の中央水産研究所に収納されたが、返すのを怠った原資料は責任者の再就職先の大学の倉庫にりんご箱に入れて積まれてそのままだった。

そのうち、所蔵者からは催促が、資料がないことに気づいた別の研究者から問い合わせが舞い込み、驚愕した著者はせっせと文書の返却を行う。しかしそれでは到底間に合わず、せっかく就職した名古屋大学を棒に振って、神奈川大学に移された日本常民文化研究所に異動、あちこちに分散した資料をここに集め、その後の人生の目標を「資料返却」に定めることにしたのである。

その中には民俗学者宮本常一が対馬の宗家から借りた文書もあった。網野氏自身が借りた霞ヶ浦の文書もあった。

瀬戸内海二神島《ふたがみじま》の二神家文書は、返しに行ったら寄贈を申し出られた。能登の上時国家《かみときくにけ》に返しに行くと、当主は前年なくなっていたが、新しい文書の調査を依頼された。下時国家では、当主夫人が以前、文書返却を求めて、わざわざ研究所まで来ていたことも知った。

私はなぜか、能登半島を一度旅して忘れられず、それからも、七尾、輪島、珠洲《すず》、能登島と通い続けている。時国家は平時忠が能登に流されて、そこで生まれた子供の子孫の家系であるが、そこでも資料の貸借について聞いた。「能登に資料がないのは、上杉謙信と常民文化研究所が持って行ったせい」という悪名まで残っていたそうである。

かつては行き来が大変だった能登も、現在では、能登空港を使えば、羽田から一時間で飛べる。能登はそう変わらないが、都市近郊は何十年か前、資料を借りにいった時に比べてすっかり変わってしまったと網野氏は嘆いている。

私たちも借りることのこわさ、返すことの大事さに気づいた頃から、事務所には持ち帰らず、お借りしては近くのコンビニでコピーをとってすぐ返すように心がけていた。また、持ち出し禁止の資料を複写するために、使い勝手の悪い高価な「コピージャック」などという機材を買ったのも思い出す。今ではその場でスマホで資料を写すことを覚えた。これをパソコンで見れば拡大して読める。

とにかく網野氏は四十年かけて、資料を返し続けた。その中からすばらしい論文も生まれた。誠実な資料返却を通じて、新たな交流と知見が生まれることもある、ということもこの本は教えてくれる。

高村光太郎『三陸廻り』

二〇〇三（平成十五）年、柳田國男の『遠野物語』に誘われて、遠野を旅した後、とつぜん海を見たくなり、焦げ茶色のレトロな三陸鉄道リアス線に乗り継ぎ、お昼過ぎに気仙沼まで来た。駅の観光案内所にはめずらしく窓口の女性は親切だった。「まだやってますから、市場に行ってフカヒレラーメンがオススメです。そのあとはサメの博物館と氷の水族館があるけど……」

その通りにした。氷の水族館というのは、防寒服を着て、マイナス二十度の部屋に入る。気仙沼で取れたサンマ、カツオ、カニ、イカなどが氷に閉じ込められ、キラキラ輝いていた。死んでいる魚とは思えないくらい鮮やかだった。

流す涙で割る酒は
だました男の味がする
あなたの影をひきずりながら
港　宮古　釜石　気仙沼

という森進一の「港町ブルース」の巨大な歌碑がある。むかし紅白歌合戦で聞いた懐かしい曲。碑の前に立つとメロディが鳴りだす仕掛けだ。「あなたにあげた夜をかえして」というフレーズには、未練がましい、後でこんなこと言うなよ、と思う。

その日は旅館大鍋屋本館に泊まる。船主や船乗りの常連が多いだけあって、魚がうまい。戻りガツオ、サンマ、タコ、ホタテ、ホヤの刺身に手作りの塩辛、マンボウの酢味噌和えと一皿ずつ並べてくれる。フカヒレスープまで出た。酒はもちろん並びの蔵の「男山」。

「魚町といって栄えて、昔はこんなもんじゃなかった。内海に漁船があふれていました。市場も向こう岸に移ったたし、だんだん寂れてね」と仲居さん。

翌日、浜の男たちに突撃取材。片端から話を聞く。

「うちはマグロ、中南米に行って獲ってくる。マグロ船は三年も四年も帰ってこない。こんなきつい仕事は、後継者なんていませんよ」

「この船は水産庁の監視船。ほら「水」のマークが見えるでしょ。新しく見えますが、ペンキを塗り直しただけ、船主が水産庁から請け負うわけ。給料は出るし、魚は獲らなくていいし楽だわね」

「高知の船ですが、カツオを追ってここまできました。え、この先？　ないでしょ。気仙沼が北限じゃないかね。ここから戻りガツオです。私らは一本釣りだけど、巻き上げ漁の連中が獲り過ぎるから、浜の値が下がる。獲り過ぎると魚いなくなるでしょ。イワシが少なくなって大衆魚が高級魚になっちゃった」

大型トラックがそのまま店舗になっており、右半分は喫茶店。

「ここがわしらの憩いの場。わし、『28金栄丸』ちゅうてな。三十五年乗ってるがな。景気はどん底だべ。カナダ、スペイン、世界中行った。漁師にパスポートはいらない。どこでもフリーパス。陸《おか》に上がって飲むだけが楽しみだべ」

店の看板にはカッパ、長靴、下着、軍手と大書してある。

市場では男たちが真剣な顔でセリの下見中だった。マグロの尻尾のところが一部輪切りになっている。みんな無口だ。「見るのは色と脂と鮮度ですね」「ここでは派手な立ち会いはやらないよ。紙にセリ値を書いて渡すだけ」「高くて買えないです。新米ですから」リーンとベルがなり、緊張が走る。セリが始まり、私は退散した。

長椅子には日に焼け、目のキラキラした若者たち。

どこから来たの?「インドネシア」インドネシアのどこ?「ジャワ島」私行ったことあるよ。「インドネシア語喋れる?」うん、スラマット・パギ（おはよう）、テリマカシ（ありがとう）「どういたしまして」日本語上手だね。「まだまだ」

隣にいるおじさんが日本語指南役らしい。

「日南のカツオ船でよ。夜明けに起きて夜の七時まで一本釣り、陸《おか》の二倍は働く。日本の若いもんはこんなきつい仕事はやらん。組合取材でインドネシアに人を探しにいく。一年目は月給は一人二万だ。二年目は三万、三年目は四万」

「それと同じだけ、インドネシアのお母さんに送ってくれる。嬉しい」と若者。初めて船に乗って怖くない?「ううん、エンジンの音うるさい。寝られないけどもう慣れた」「こいつら、イスラムやからな。辛いもんばかり食っとる」「コックさん、完璧」「これから戻りガツオを追ってハワイまで行くんだ」

気仙沼から私は雄勝《おがつ》を通り、南の女川《おながわ》に向かった。雨と競争だ。西から台風が来ている。宿に着くと、雨がざあっと来た。今日は書評を一つ書かなければならない。原稿用紙がないのに気づいて、傘がふき飛ばされそうな街に出た。これから台風が来ると聞くと、無責任だがちょっと興奮する。

港近くの海岸べりに、今度は高村光太郎の巨大な文学碑を見つけた。一九三一(昭和六)年の八月九日、詩人高村光太郎は『時事新報』の依頼で、一ヵ月ほど三陸のリアス式海岸へ。紀行文は『三陸廻り』の題で十月三日から掲載された。当時は今よりもっと交通が不便であったろう。私と反対に石巻から女川、金華山、気仙沼、と旅した。まだ宮沢賢治が存命の頃で、賢治は自分の詩を見出してくれた光太郎が花巻まで来るのを待ったというが、そこまでは行かなかった。
一つの大きな石に、幾つもの歌や文章が刻まれていた。光太郎の描いた絵も。石碑に刻まれた文は、東京の千駄木町におられる旧知の北川太一先生の特徴のある字であった。

「人はむかし海から出て来た。海に帰る本能が強く深い。波に研《と》がれた肌を翻《ひるがえ》して海の獲物を手づかみにする時、自分のものを自分でとる我を忘れたよろこびに人は身ぶるいする。漁撈はもっとも根源的な生業だ」

私は嵐の中で、この文章をゆっくり読んだ。傘がひっくり返りそうになり、宿まで急いで帰った。光太郎が来た二年後の一九三三（昭和八）年、三陸は一八九六（明治二十九）年に次ぐ大津波を経験した。そして花巻の宮沢賢治は亡くなった。

女川の旅から八年ののち、東日本大震災が起き、私は石巻の友人のところに何度か応援に通った。もっと北の沿岸部も見たいと思ったのは、私の物書き根性だろう。友人の渡辺征治さんが車を出してくれた。女川は原発があるため、町の経済が良く、石巻とは合併しないできた。高台のスポーツ公園の施設が避難所になっており、自衛隊が大きなテントでお風呂を提供していた。京都のラーメン屋さんが炊き出しをしていた。

ここを襲った津波は十四・八メートル、高台にある町立病院の一階に浸水するほどで、海を見ていた人がさらわれた。そして低いところにあった七十七銀行の行員たち十二名が死亡あるいは行方不明になったと聞いた。そして私は、海辺の大きな碑のあったあたりを歩き、いくつかに割れて倒れたあの碑を見つけたのである。思わずわあああと叫んでしまった。そしてのちに聞いた話によれば、この碑を立てるのに尽力した貝廣さんという釣具屋のご主人も、津波によって命を落とされたということである。

二〇二〇年に千駄木の北川太一さんも亡くなられた。

「人はむかし海から出て来た。海に帰る本能は強く深い」という高村光太郎の言葉が、津波の後では別の意味を持って、なんだか心に深く食い入ってくるようであった。

『大杉栄自叙伝』にかこつけた越後の旅

九月十六日はアナキスト大杉栄が妻の伊藤野枝、甥の橘宗一とともに憲兵隊に殺された日であり、越後新発田《しばた》に呼ばれていた。主催者の斎藤徹夫さんから前日、夜の七時ごろ連絡があり、「台風十八号が本州に上陸すれば新幹線が運行しない恐れがある、すまないが今日の最終の新幹線で新発田入りしてくれないか」とのことだった。

大杉は陸軍軍人大杉東の息子として幼年期を十年ほど新発田に過ごしている。これから講演の準備にかかろうというところだったが、あわててそこらへんの資料をかき集め、夜八時五十八分の列車に乗る。車中『大杉栄自叙伝』では読み飛ばしていた新発田時代のところを読む。大杉の文章は今も古びていない。新発田出身の大倉喜八郎については「けれども、ここにもやはり、道徳的にはもう資本家主義が漲《あふ》れてきていた。喜八郎が自分の銅像を自分で建てることは喜八郎一人の勝手だ。しかしこの喜八郎の肖像が、麗々しく小学校の講堂にまで飾ってあるのだ」とある。

大杉はかなり早熟で乱暴な子供だった。そこで初恋もあった。「僕はなんとなく光子さんが好きでしかたがなかった」。しかし、互いの家に交際もなく、気になる女の子に意地悪してちょっかいをかけていた。そして十歳の頃、お花さんという友達を自分の部屋に連れ込んで、「大人のようなことをして遊んでいた」のだという。成績は三番と下ったことがなかったが、喧嘩もよくし、イタヅラもよくし、新発田中学に進んだ。

斎藤さんが予約してくれた駅前の竹内旅館に泊まる、親切なり。

翌朝、斎藤さんが迎えにくる。想像していた人と違う。「大杉栄の会」というからアナキズム系なのかと思ったら、同じく新発田出身の大倉喜八郎の顕彰もやっているという。『大杉栄自叙伝』にでてくる銀杏《いちょう》の木など見せてもらう。

日清戦争のころ、新発田では「与茂七火事」という大火があって、新発田の町の大半を焼いた。大杉栄は母に言いつけられて、片田町の家から下の子を連れてその練兵場の真ん中にあった大きな銀杏の樹の下に避難したそうなのだ。「与茂七火事」というのはその数十年前にもあり、大竹与茂七とは、藩有林を伐って村を救い、ねたまれて、処刑された人の名前、その祟りなのだそうだった。ほかに溝口家の新発田城あり。

私の話をわざわざ聞くために来てくださった鈴木邦男さんは、新潟からの列車がおくれ大逆事件をテーマにした映画上映の方は見られなかったという。台風のため来られない人が多く百人ほどか。それでも皆さん熱心に聞いてくださり、本も買ってくださった。その後懇親会。一水会の元最高顧問、鈴木邦男さんは優しい穏やかな方だった。予備校教師で暮らしを立てながら政治活動をしてきた。夜は宿を変えて第一ホテル泊。

翌日はまずよど号ハイジャック事件の田宮高麿の家のお墓参りに。永平寺派のお寺でご住職はいろいろお話ししてくれた。

「田宮さんのお父さんは歌を詠む人で、『弱法師《よろぼうし》』という歌集もあります。上のお兄さんたちは医者とか大学の先生になっていて、優秀な家系です。高麿がハイジャック事件で北朝鮮に行かなかったら、連合赤軍事件に関与していたかもしれず、それよりはよかったとお身内は言っておられました」

北緯三十八度線記念碑というのがある。不思議な符合。

ご一緒した鈴木邦男さんは拙著『『青鞜』の冒険』のなかに組織論がすべてあると褒めてくれた。「これは運動に有用な本ですね。有名人を当てにしてはいけないということ、人にカンパを募ってはいけないということ、実にそのとおりです」と長年の活動からおっしゃる。本物の右翼という方とお話ししたのは初めてで、聞きたいことはいっぱいあった。違う考えの人と話すのは面白い。柔和で礼儀正しい方であった。

アントニン・レーモンド設計の教会、越後の豪農市島家などを見学。東京の市島家が出資した越後出身の優秀な学生を世話する市島塾は千駄木林町にあり、そこの初代塾長は諸橋轍次がつとめたが、この人も新潟生まれ。

夕方、咲花温泉、柳水園にとまる。新潟水俣病被害者の方々との交流の場であり、佐藤真をしのぶ『阿賀に生きる』の会の会場ともなっているという宿。かなりひなびた宿だが、掛け流し温泉はすばらしく、食事もよかった。部屋に青木雨彦さんの「越後一会」の色紙あり。玄関の額は尾崎士郎によるものという。歴史ある宿はいい。三泊四日の充実した越後の旅だった。

佐野と足尾——田中正造の足あと

田中正造は日本初のエコロジスト、日本初の公害反対住民運動の指導者だ。足尾銅山によって垂れ流される汚染水が下流の農村に多大な被害を与えたことに怒り、明治天皇に直訴した。最初に読んだのは林竹二『田中正造の生涯』である。私は女性史を学ぶ中で、大正の初め頃、たくさんの女性解放運動家が、この足尾の鉱毒事件に共感したことを知った。伊藤野枝などは夫の辻潤に谷中村公害への共感を語って「幼稚なセンチメンタリズム」と笑われ、夫を捨ててアナキスト大杉栄に走る。なりふり構わない髭ぼうぼうの田中正造の写真にも惹かれた。しかし実際の足尾に行くチャンスはなかなか巡ってこなかった。

先に行ったのは佐野市である。佐野は鋳物で有名で、たまたま知り合った鋳物師《いもじ》を訪ね、帰りに郷土博物館によると田中正造コーナーがあった。あ、そうだ、佐野の出身だったんだ。一八四一（天保十二）年に下野国小中村（今の佐野市）の農家、名主の家に生まれる。幕末から農民の先頭になって領主の六角家に物申し、二十代で投獄もされている。維新後、酒屋の番頭になったり、自由民権運動に関わったりし、何度か入獄。この辺で筋金入りになったのだろう。

一八九〇（明治二十三）年、帝国議会が開かれると第一回衆議院議員選挙で当選、立憲改進党に属した。この年、渡良瀬川で四度の大洪水が起こり、上流の足尾銅山からの銅イオン（鉱毒）によって流域の稲が立ち枯れた。

足尾銅山は一六一〇（慶長十五）年に発見され、日光東照宮や芝増上寺の造営にも使われ、寛永通宝にも鋳造された。一八七七（明治十）年から古河市兵衛が経営に乗り出し、明治半ばには我が国の銅の産出量の四十％を占めた。鉱毒による下流の汚染だけではなく、坑木や燃料のための山の木の伐採で足尾の山が丸裸になったこと、製錬工場からの排煙（二酸化硫黄）による大気汚染なども問題であった。その前にも、川の鮎が大量死する。同時に排煙による酸性雨で足尾の樹木は枯れ始めた。しかしその原因は特定できなかった。

当時の東京大学の古在由直《こざいよしなお》らは鉱毒の分析を行うが、松木村、久蔵村、仁田元村なども次々と排煙のために廃村となっていった。田中正造は一八九一（明治二十四）年の第二回帝国議会で鉱毒問題を質問、一八九六（明治二十九）年にも再度質問し、群馬県の渡良瀬村の雲龍寺でも演説をおこなっている。さらに翌一八九七年には農民の鉱毒反対運動が盛り上がり、東京への「押し出し」、団体交渉も起こる。一九〇〇（明治三十三）年、群馬県の川俣村では住民と警察の衝突が起こり、流血の惨事となった。田中はあくまで農民の立場に立って、この年も国会で質問している。

「民を殺すは國家を殺すなり。法を蔑《ないがしろ》にするは國家を蔑にするなり。皆自ら國を毀《こぼ》つなり。財用を濫《みだ》り民を殺し法を乱して而《しこう》して亡びざる國なし。之を奈何」とつけられたこの質問を、時の総理山県有朋は「質問の趣旨が不明」といって返答すらしなかった。

議会闘争に見切りをつけた田中は一九〇一（明治三十四）年に議員を辞職、十二月十日、日比谷において帝国議会開院式から帰る途上の明治天皇に足尾鉱毒事件について直訴を行なった。この直訴状は社会主義者の幸徳秋水が田中に頼まれて書いた。

「――魚族斃死《へいし》し、田園荒廃し、数十万の人民、産を失ひ業に離れ、飢て食なく病で薬なく、老幼は溝壑《こうがく》に転じ、壮者は去て他国に流離せり。如此《かくのごとく》にして二十年前の肥田沃土は、今や化して黄茅白葦《こうぼうはくい》満目惨憺《まんもくさんたん》の荒野となれり」

幸徳は実に名文家だ。このすぐ後に大逆事件で刑死することになるが。この時田中正造は六十歳だった。これに先立ち、死を覚悟した正造は妻かつ子に父親の世話や葬儀をしてくれた感謝と詫びを書いている。

「ともかく失礼も多し、御病後折角大切に。鉱毒婦人乳汁欠乏之儀、御すくひ被下度候事」病気の後の妻の体を心配しつつ、同時に母乳の出ない鉱毒被害者を救ってくれればありがたいと頼んだ。

ああ、妻ならこんな手紙をもらってみたい。

佐野市小中町九七五番地にあった実家はそれなりの屋敷であった。しかし、一九〇四(明治三十七)年以降、正造は谷中村に住みこみ、家に帰らなかった。一九一三(大正二)年九月四日に七十一歳で亡くなった時、最後まで寄り添った妻は「これでおしまいになりました」と言ったという。一文無しだった。臨終に立ち会った木下尚江は、遺品は「菅の小笠に頭陀袋《ずだ》のみ」と書いている。その頭陀袋を開けてみると、小さな新約聖書、日記帳、鼻紙などが入っていたという。これは現在、佐野市の郷土博物館で見ることができ、帽子や袴など遺品は県の文化財となっている。田中正造の座右の銘「辛酸亦佳境に入る」を描いた扇子をここで買った。

二〇一四年になって桐生に招かれ、時間があったので、わたらせ渓谷鐵道に乗ることにした。通洞《つうどう》まで乗るつもりでいたが途中の駅で急にアナウンスがあり、「いま対向路線を天皇皇后両陛下がお乗りになったトロッコ列車が通りますので、この駅で待機となります」とのこと。空いていたが乗客は色めき立ち、窓を開ければ写真が撮れるのではないかと窓を開けたところ、駅近くにいた私服刑事が飛んで来て、閉めろという。ホームに降りるのも禁止された。

反対車線に来た列車はトロッコ列車というのか、窓もない観光列車みたいなもので、そんな無防備なものに乗り、沿道の住民に手を振る平成の天皇夫妻には頭が下がった。田中正造が問題にした足尾鉱毒のあとの森は再生したのか、と視察に来られたというその意図がすばらしいだけに、お手振りよりもうすこし現地でゆっくり考え、味わう時間を持っていただきたかった。通洞にある私設記念館はやる気満々のボランティアの説明がすばらしかった。

被害を受けた谷中村は、これよりずっと下流である。明治政府は鉱毒の水をためる渡良瀬遊水地を計画、谷中村の住民を買収で移転させ、谷中村を藤岡町と合併、地名すら消してしまった。この佐野市、足尾銅山、谷中村の地理関係がなかなか飲み込めない。東武日光線の埼玉加須市にある柳生《やぎゅう》という駅が近いそうだが、いつか行ってみたい。

田中正造は一冊も本を書かない人であった。手紙は五千二十通もある。今ほど交通が四通八達せず、もちろん電話やインターネットもない時代に、彼は旅の途中から各地の同志に書簡を送り、コミュニケーションを図り、論議し、指導した。

『語りつぐ田中正造』には、様々な人の田中正造像が描かれている。「幸徳秋水は偉くなるつもりだったが、正造は偉くなる必要はなかった」（フレッド・ノートヘルファー）という言葉が心に残った。

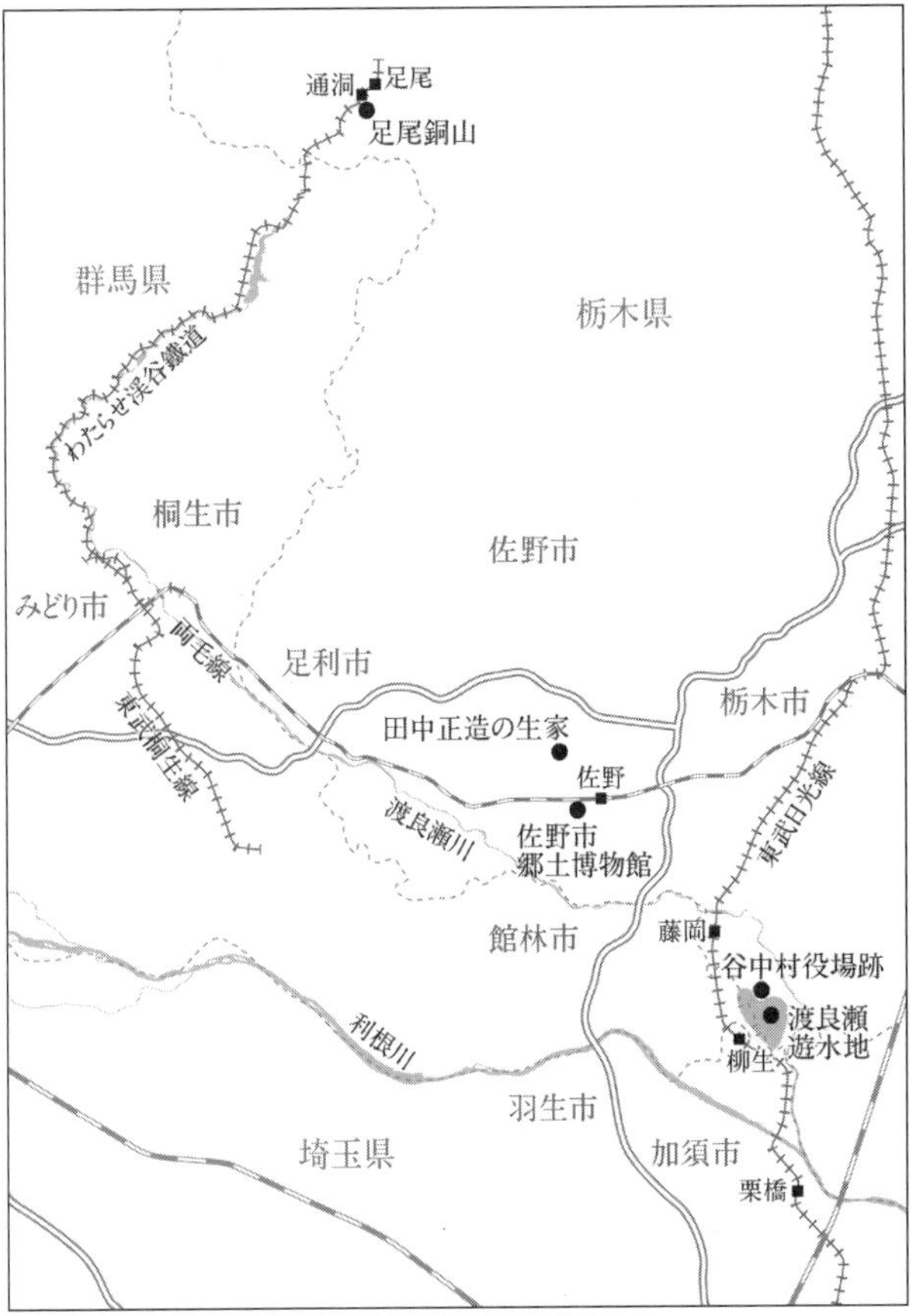
通洞
足尾
足尾銅山
群馬県
栃木県
わたらせ渓谷鐵道
桐生市
佐野市
みどり市
両毛線
足利市
東武桐生線
栃木市
田中正造の生家
佐野
東武日光線
渡良瀬川
佐野市
郷土博物館
藤岡
館林市
谷中村役場跡
渡良瀬
遊水地
利根川
柳生
羽生市
埼玉県
加須市
栗橋

『土佐の墓』はすごい

自分の地域雑誌『谷中・根津・千駄木』を置いてもらっているせいで、地方出版物は神田のすずらん通りの書肆アクセス（地方・小出版流通センター）で見つけることが多い。薄い冊子や小さな文庫をていねいに編集しているのを見ると、いよッご同業という感じで胸が熱くなる。

だが『土佐の墓』という本に出会ったのは東京ではなく高知市である。私は中学生のころ谷中墓地を散歩したのが運のつきで、それからずっとお墓探し、すなわち掃苔に熱中してきた。仕事で地方へ旅しても、まず考えるのは、誰か興味深い人物がこの地に眠っていないか、ということである。高知市に着いてまもなく、どこの本屋かは忘れたが、立派な箱入り二巻本、地図九枚付の『土佐の墓』を手に入れた。著者は山本泰三さん。発行所は土佐史談会。この立派な本が頒価千九百円とは安い。安すぎる。宿に帰って眺め興奮した。次の日の仕事のことはどこかへ行ってしまう。土佐はご存知幕末の志士を多く産み、自由民権家も輩出した。目次がすごい。田中貢太郎、谷時中《じじゅう》、楠瀬喜多《くすのせきた》、吉田東洋、山内一豊、武市瑞山《たけちずいざん》、板垣退助、岡田以蔵、片岡健吉、谷干城《たてき》、田岡嶺雲、植木枝盛《えもり》……。

はりきってまず、野中兼山と野中婉《えん》のお墓に参った。土佐藩初期の名奉行兼山の死後、野中家は改易となり、娘の婉は宿毛《すくも》に配流される。数えで五歳から四十四歳まで捕われ、赦されたのち医を業とした彼女のことは、土佐出身の大原富枝『婉という女』で読んだことがある。山深い石段を息をきらせて登った所に墓はあった。

それから町中で坂本龍馬や馬場辰猪《たつい》、後藤象二郎、植木枝盛の旧跡、立志社設立の地など、訪ねあるき、「自由は土佐の山間より出づ」を実感した。

ところが歩いていたら寺田寅彦の旧居に出くわしてしまった。それは美しく復元され、庭をのぞむ和室で折しも一弦琴の会の最中だった。私の頭はとつぜん、自由民権から近代文学史に飛び、宮尾登美子『一絃の琴』→二絃琴の師匠→三毛→『吾輩は猫である』夏目漱石→寺田寅彦という連想で、そうか寺田寅彦は土佐の人であったか、と一人うなずいた。

旧居跡で『寺田寅彦郷土随筆集』を購う。これまた便利な本である。宿に帰り『土佐の墓』を見直すと寺田寅彦の墓は高知市東久万《くま》王子谷の王子神社東尾根中腹にあるという。

どう行けばいいものやら。仕事が終わってもう一泊、夜のうちに添付の地図を仔細にながめ、場所を確認。地方のお墓は必ずしも寺の境内になく、奥深い山陰《やまかげ》にポツリとあることも多い。畑中の「寺田寅彦の墓」という矢印に導かれ、またも斜面をよじ上ると、市を見下ろす高台にその墓はあった。じつをいうと、小宮豊隆撰・書の寅彦の墓（昭和十年没）より、妻たちの墓に魅かれた。

寺田夏子　明治三十五年　二十歳で没。

寺田寛子《ゆたこ》　大正六年　三十一歳で没。

寺田紳《しん》　昭和三十三年　七十二歳で没。

同じ夫を持った三人の妻が、同じ大きさの石で同じ方向を向いて並んでいた。はろばろと来つるものかな。『土佐の墓』に感謝した。

会津から下北へ　『ある明治人の記録――会津人柴五郎の遺書』

米原《よねはら》万里さんが誰かに、寝たい男、と聞かれて即座に「ゾルゲとゲバラ」と答えたという話を読んで爆笑した。わかるなあ。わかる。私も崖っぷちで戦う男が好き。それで十五年もかかって『彰義隊遺聞』という本を書いたぐらい。上野戦争なんて、負けるとわかってて、主君の汚名を雪《そそ》ぐという義のために命を捨てるんだからねえ。「罪の文化、恥の文化」というが、日本の武士道というのはある意味、「恥をかかされたら死ぬ」「誇りを傷つけられたら死ぬ」という現在の倫理からはアホらしいような文化だが、そこがいいのかも。

明治以降もそんないい男がいるか、と言って思いつくのが、柴五郎。とびきりの美男子だ。

一八五九（安政六）年の会津出身、一八六八（明治元）年、官軍の総攻撃を受けた鶴ヶ城を脱出し、下北の地で辛酸を舐めた。一八七七（明治十）年陸軍幼年学校に入り、士官学校をへて、会津藩出身者としては陸軍大将という異例の出世を遂げた。

イギリスやアメリカ駐在も経験した国際派の彼の最も知られている活躍は、一八九九（明治三十二）年、清国駐在武官として北京に着任早々、義和団事件の時。暴徒が各国公使館を取り巻き外交官も殺された。その中で柴は居留民保護、そして他国軍と協力し、実質的な司令官として六十日の籠城戦を耐えた。その颯爽たる姿、沈着的確な指揮命令は、各国の、特に女性の賞賛を浴び、ビクトリア女王からをはじめたくさんの勲章を授与された。

その彼が、一九三〇（昭和五）年、退役した後、書いたのがこの本である。

「幾たびか筆を取れども胸塞がり涙さき立ちて綴るにたえず、虚しく年を過ごして齢すでに八十路を超えたり」

会津藩の上士の家に生まれ十一人兄弟だったが、新政府軍の鶴ヶ城総攻撃の際、五郎だけが「男子は一人なりと生きながらえ、柴家を相続せしめ、藩の汚名を天下に雪ぐべきなり」として家を出され、祖母、母、姉妹はすべて自決。

維新後、三十二万石、肥沃な土地で実質六十七万九千石もあった会津藩は下北半島の火山灰地に転封される。三万石だが実質七千石の斗南藩《となみはん》、草木も生えぬ地での開墾が始まる。

「陸奥湾より吹き作る北風強く部屋を吹き抜け、変異ありても氷点下十五度なり」。

粥を炊けば石のごとく凍り、これを溶かしてすするような暮らし。海岸に流れ着いた昆布やワカメを干し、棒で叩いて木屑のようにして炊いた。着るものは凍死をまぬがれる程度、履き物もなく、凍傷にならないために常に足踏みをしていた。熱を出しても布団がなく、米俵に潜《もぐ》るしかなかった。犬の死骸を塩で煮て食したこともある。ついに喉を通らなくなった。

なぜか生き延びた父親は「武士の子たることを忘れしか。……会津の武士ども餓死して果てたること、薩長の下郎どもに笑われるは、後の世までの恥辱なり。ここは戦場なるぞ」

挙藩流罪の極刑。柴五郎の筆は淡々としていてそれゆえ壮絶である。

私はその下北の地を訪れたことがある。道に沿って風除けのガードレールが高くそびえ、強風で葉物は育たず、人参と生姜、ニンニクくらいしかできないと土地の人に聞いた。過酷の地には他に産業はすくなく、むつ小川原の核燃料工場などが誘致された。

柴五郎は十三歳で、青森の給仕から運良く上京して陸軍幼年学校に入ることができたが、そこは薩長藩閥が支配する世界であった。そんななかでも義侠無私の人野田豁通《ひろみち》、心やさしき人長岡重弘に出会い、五郎の運は開けた。柴は決して彼らへの恩義を忘れていない。

戊辰戦争からふた回り目の戊辰の年に、上野寛永寺で、慰霊祭が行われたことがあった。会津からはバス三台を仕立てて上京、町並み保存で知り合った会津若松のおじさんたちが寛永寺の広間で弁当を使っていたのを忘れない。会津の剣舞が披露された。

戊辰戦争から百五十年を経てまだ一藩流罪の恨みは消えていない。戊辰の激戦地、福島県白河での「会津と長州は和解できるか」というシンポジウムに招かれたことすらある。

会津人柴五郎を支えたものは、武士としての矜持であった。そして礼節、謙虚、これも彼の特質である。柴五郎は一九四五（昭和二十）年、太平洋戦争の終戦まで生き延びたが九月十五日に自決を図った。老齢で力が足らず未遂に終わったが、その時の怪我が元で暮れの十三日に亡くなった。日清、日露を戦った老軍人に、この日中戦争から太平洋戦争の結末はどう映ったであろう。

一九三〇（昭和五）年、彼が陸軍現役を退いてのち、この国の軍部は上海事変を起こし、五・一五、二・二六事件で政権を掌握し、勝てない戦争をパールハーバーで始め、山本五十六長官は撃墜されて死に、兵糧もないのにインパール作戦に突っ込んでいき、終戦時期を誤って無辜《むこ》の市民は空襲や原爆で大勢死んだ。

この本を携えて再度会津若松に赴き、白虎隊の霊にぬかずいた。薄緑に煙る会津の山々に、私は柴五郎の風格ある面影を重ねて飽きなかった。

安曇野にて――飯沼正明『航空随想』

安曇野、というのは地名だけでも何かそそられる。高く青い空、揺れる稲穂。荻原碌山《ろくざん》と相馬黒光《そうまこっこう》。

安曇野の臼井吉見さんの「れんげ忌」に招かれて来たのであった。もとは安曇平といったのに「安曇野」と呼ばれるようになったのは臼井さんの「安曇野」が原因。中学の時に一部を読んだが、荻原碌山に始まり、相馬黒光・愛蔵夫妻、中村彝《つね》、中原悌二郎《ていじろう》、戸張孤《こ》雁《がん》など大正の芸術家群像が登場する。地元には「安曇野を読む会」などもあってもう二度めを読み始めているという。なんだか私より詳しい人びとの前で釈迦に説法といった話になった。碌山のお墓、荻原家、相馬家などを訪ね、いろいろ勉強させていただいた。

臼井吉見、古田晁《あきら》、唐木順三は筑摩書房創業の立役者だが、みんな信州の人である。臼井吉見文学館に行って憶い出した。一九七七（昭和五十二）年は恐ろしい就職難で、女子大生は全く募集がなく、履歴書を出した朝日と筑摩が重なって、私は筑摩の方を受けたのだった。忘れもしない小川町あたりの古い木造二階屋に願書を取りに行き、小さな会社だ、と思ったのに、中央大学の大教室一杯に学生が試験を受けていて、こりゃだめだな、と思った。

しかし最終四人にまでは入って、面接を受けた時の怖かったこと、銀髪の学者みたいなおじさまがずらりと並ぶ。何を話したか覚えていないが、「校正をする気はありませんか」と聞かれ、校正のなんたるかを知らない私は「編集がしたいんです」と答えて不合格。その後、筑摩書房は倒産した。

臼井吉見は編集者と作家、評論家と幅広い仕事をして最後の『獅子座』が未完である。維新の群像を描いた小説だそうで是非読んでみたい。それと臼井吉見は福島県双葉中学校の教師をしていたことがあるというのも初めて知った。

そのあと碌山美術館へ行き、四時間、五十嵐学芸員に積年の疑問をいろいろ聞いてみた。

なんで碌山は急死したのか、など勉強になった。山本安曇という鋳造家も安曇野の出身で碌山の彫塑をほとんど鋳造したというが、この人のことも気になる。妻と子と一九四五（昭和二十）年の三月四日の空襲でなくなっている。とすると谷根千のあたりではないだろうか？

帰りがけ、飯沼飛行士の記念館というのがあった。また思い出した。東京駅保存運動のときに、女優の高峰三枝子さんが東京駅前で映画のロケをしていたら、飯沼飛行士のお骨の帰還にあって、密かに憧れていたので東京駅は忘れられない、と言っておられた。それで「赤レンガの東京駅を愛する市民の会」の代表になってくださったのである。

真っ白な一八九三（明治二十六）年の土蔵を改築した建物で、入り口の植え込みに飯沼飛行士の帽子をかぶった銅像も建てられていた。

今の人は知らないだろうが、彼はアジアとロンドンを結ぶ最速飛行を達成した人である。『航空随想』という本を記念館で売っていたので買った。

一九一二（大正元）年、穂高村の養蚕農家に生まれ、小学五年の時に長谷川飛行士が空を飛ぶのを見て憧れ、松本中学から逓信省委託操縦生募集に応じ、三百人中四人という厳しい試験をくぐり抜けて合格、所沢陸軍飛行学校で学んだ。父を早く亡くし、上級学校へ行けそうになかった飯沼には寄宿生活で住居食事付き、三十円が支給される合格は願ってもないことだった。最初は操縦席の教官が神々しく見え、また一人での着陸が怖かったがだんだん、横転、宙返りなどもできるようになった。飛行してあちこちを見て回るのは楽しかったが、同期生が機体の空中分解で死んだ時、ふと自分の職業に不安を覚えた。

一九三二（昭和七）年、朝日新聞社に入社、航空写真の撮影、ニュース写真の空輸、写真撮影飛行、宣伝飛行をこなす。一九三四（昭和九）年、大阪―北京二千キロの訪問飛行に成功、翌年、東京―台北間二五一〇キロを十時間三十一分で飛んだ。今、成田から台北はジェット機で三時間台で飛べるが、当時はプロペラ機である。

今ならファックスでもインターネットでも送れる写真や原稿を、飛行機で届けていたというのが面白い。

そして一九三七（昭和十二）年四月六日、亜欧連絡記録大飛行に挑戦、一回り上の機関士塚越賢爾とともに、純国産機「神風号」で東京―ロンドン、一五三五七キロを飛行時間だけで五十一時間十九分二十三秒、給油や休息も入れると九十四時間という驚異的な世界記録で飛んだ。実際には四月二日に一度飛び立ち、強風と豪雨で口之島から引き返している。

六日午前二時に再度、立川飛行場を飛び立ち、台北、ハノイ、ビエンチャン（バンガローで一泊）、ラングーン（ヤンゴン）、カルカッタ（コルカタ）、ジョドプール、カラチ（在留邦人の家で一泊）、バスラ、バグダッド、アテネ（山の中腹のホテルで一泊）、ローマ、パリときてドーバー海峡を十分で渡り、四月九日午後三時三十分、ロンドン・クロイドン飛行場に到着。途中、給油、食事、睡眠しながらの飛行で、疲労のため、現地で世話になった人の名前も控えなかったという。時にはレモネード一杯のみ、航路の天気を聞くぐらい、しかし最後のロンドンでは大変な歓迎が待っていた。

これは朝日新聞社にとっても社運を賭けた大イベントだったに違いない。飯沼飛行士は、大西洋横断飛行を最初に実現した「翼よ、あれがパリの灯だ」のリンドバークと並ぶ世界的な名パイロットとして賞賛された。これは第二次上海事変の年で、すでに日中戦争は始まっていたが、日本の航空技術と「カミカゼ」の名は世界に記憶され、国際親善にも役立った。帰りは急ぐこともないので、アテネ、バスラ、カラチ、カルカッタ、ラングーン、ハノイ、台北に泊まり、羽田に戻った。

飯沼飛行士はどの写真で見ても、眉目秀麗、やや若い頃の風間杜夫に似た好男子、高峰三枝子さんが夢中になったのも無理はない。これはイギリスのジョージ六世、今のエリザベス女王の父の戴冠式のお祝いと、ブリュッセル、パリなどの各国首都親善訪問を目的とする飛行でもあって、日本、イギリス、フランス、ベルギー、イタリアから飯沼飛行士には勲章が贈られた。こうなるとへそ曲がりの私は、塚越機関士には勲章が贈られなかったのか、気になる。

北原白秋作詞で『遂げたり神風』という歌も作られた。「輝く銀幕、轟く爆音、今こそ仰げや、航空日本」と歌い上げ「涙ぞ、どよめく同胞一億」と結ばれている。まだ日米開戦の前であったが、数年後には、飛行時間競争から撃墜競争に変わる。そして「カミカゼ」は小型機ながら小回りがきいて敵を苦しめ、時には特攻も辞さない零式戦闘機の別称となる。

そして、飯沼正明は一九四一(昭和十六)年十二月、「南方作戦に従軍中散華、二十九歳の生涯であった」と資料館のパンフレットにはある。「戦死」とした資料もある。しかし、実際には飯沼は陸軍技師として召集され、十二月十一日に飛行機の整備中の事故で亡くなっている。「空の英雄」は日本陸軍にとって事故死でなく、華々しい戦死でなければいけなかったのだろう。

彼が生前に書いた『航空随想』は面白い。飯沼は飛ぶ時だけは緊張感を忘れないが、不安にも駆られ、人の思惑も気にする、結構人間臭い人である。「少しの悲しみや憂いは飛行していると消し飛ぶ」とも書いている。一躍有名になっても「ひとごと」という感じをぬぐえず、中には「相当物凄い意味の手紙」も貰ったというからストーカー的なファンもいたようだ。リンドバークも英雄となったがゆえに、子供が誘拐されて殺され、ドイツ訪問をナチスに協力したと非難され、最後はアメリカが嫌になってハワイで死んだ。葬式の参列者は百人くらいだったと読んだことがある。

高峰さんに直《じか》にお話を伺って以来の「飯沼飛行士ってどんな人」という謎が解けた。飯沼さんの遺影に「こんなところにいらしたのですか」と声をかけたくなった。

V

はるばると来つるものかな

鷗外さんの奈良――正倉院の虫干し

私の頃は必ず高校の国語の教科書に『舞姫』が載っていたものだった。これは明治の二十年代にドイツ留学した日本人が、かの地の舞姫、踊り子と恋をし、出世コースを降りて女との恋に生きようとする。しかし結局、友の勧めで、日本に帰る。その時彼女は妊娠し、しかも精神を病んでいた。

なんてひどい男だ。愛し合いながら責任も取らず、カネも出さない。国語教科書編纂者の意図に反し、これを学んだ女子高校生は、反発し、作者を嫌いになるだろう。鷗外自身にもドイツ時代の恋人がおり、鷗外が帰国したたった四日後に、船で追いかけてきたことは知られている。しかし、妊娠や発狂はフィクションだ。当時、留学生で、滞欧中、恋人を作り、子供を産ませた日本人は多かった。それは若い男女のことだから何があってもおかしくない。しかし、事後処理にこそ、人の器量は現れるものではあるまいか。
拙著『鷗外の坂』では、部下にはざっくばらんで、家では翻訳や小説に没頭し、子供の面倒をみ、母と妻の確執に苦しんだ、家庭人鷗外を描いたつもりである。「やっと少し鷗外が好きになりました」という女性からの手紙をいくつかいただいた。

さて、その鷗外は順調に出世して、軍医総監、中将相当で陸軍のキャリアを終えた。文人であって、いくつもの雑誌を主宰し、翻訳も数知れず、帝展の審査員も務めた。その後、一九一七（大正六）年十二月二十五日、帝室博物館総長兼図書頭《ずしょのかみ》に抜擢された。このことは意外に知られていない。東京、京都、奈良の三つの国立博物館の館長を兼務し、さらに奈良の正倉院の管理にも当たって、高等官一等であった。

総長は奈良の正倉院の曝涼（虫干し）も大切な仕事であった。それで鷗外は毎年秋、奈良に出張した。正倉院は七五六（天平勝宝八）年に聖武天皇がなくなり、光明皇后が天皇遺愛の品々を東大寺の大仏殿に献納したのが始まりである。その四年前にはこの盧舎那《るしゃな》仏の開眼法要が厳かに行われていた。その品々とは天皇の衣類、鏡、太刀、屏風、逗子、薬石、経典、文書などである。私は一度、正倉院御物の展覧会が東京で開かれ、鳥毛立女屛風や、五弦の琵琶、ペルシア風のカットグラスなどを見てその文化の高さに驚いたものであった。それを収める蔵は校倉《あぜくら》造で、三角の檜材を用い、寄棟、本瓦葺きの木造建築である。正面が九間、側面が三間と大きい。高床式で、ネズミの害と湿気を防ぐ。さらに秋の一ヵ月は風通しと虫干しを行うのである。

奈良での仕事

任命された年はすでに終わっていて、翌一九一八（大正七）年の十一月三日、鷗外は朝八時三十分東京発の汽車で奈良に向かった。窓からは富士山の真っ白な雪が目を射た。すでに五十五歳の鷗外には、遠くへの出張は大義でもあったが、歴史が好きで勉強家であったから胸は躍ったと思う。このあいだのことは、『寧都訪古録』、『奈良小記』、『奈良五十首』、家族への手紙などに見て取れる。

木津過ぎて網棚の物おろしつつ窓より覗く奈良のともし火

翌年からは夜行で京都に到着、半日古本を漁ってから、夕方、奈良についた。

京はわがまず車よりおり立ちて古本あさり日をくらす街

奈良では松嶋という人の家に滞在した。松嶋家の息子さんが書き残した回想によれば、それまでの総長と異なり、市内の豪華な宿の人の出入りを嫌い、寺の庫裏か農家の離れを所望した。そうもいくまいというので、松嶋家の十畳を居間に、六畳を更衣室に用い、松嶋夫人が食事の世話をした。その官舎の木の門は今も奈良公園の隅に「森鷗外の門」として残っている。早速、留守家族の幼いアンヌへ、カタカナの葉書を書いた。「ナラデハヘイノマエマデシカガキテアソビマス」。同じ日の日記には「始聴鹿鳴」。それからも、鹿のことばかり子供には書いた。俳句には鹿は「ひいと鳴く」というが、パパには「イーウー」または「ヒーフー」と聞こえる。わがままな鹿は勝手なところに寝る。「ナラノシカノカズハロッピャクダソウデス」

四日には正倉院を巡視した後、午後、聖徳太子の建てた法隆寺に向かう。そして法隆寺の金堂の壁画の剝落を見た。修復は当時から問題となっており、戦後、これが消失したのをきっかけに、文化財保護法ができる。

明治の廃仏毀釈で、大正の頃までも寺は荒れ、文化財が金持ちに売却されることもあった。

いにしへの飛鳥の寺を富人の買はむ日までと薄《すすき》領せり

奈良で最古、最大を誇った元興寺の庭もススキが茫々としていた。

さて五日、正倉院が開く。

勅封の笋《たかんな》の竹皮切りほどく剪刀《かみそり》の音の寒きあかつき

早朝、北中南の三倉を開ける。勅使清水谷侍従も立ち会う。扉には大きな鉄の海老錠がつけられ、それをギリギリと麻縄で巻き、天皇の直筆の花押のある懐紙で巻いてある。さらに竹の皮で包み麻糸で巻いてある。厳重なものだ。

ギイと扉が開いた瞬間、「ヤモリガイッピキトンデキマシタ」と鷗外は子供に書いた。宮守とも書き、めでたい生き物だ。中に入るとなんとも言えぬ冷気。

戸あくれば朝日さすなり一とせを素絹《そけん》の下に寝つる器に

御物が目を覚ます。この日の子供宛の手紙にも面白いことが書いてある。名香蘭奢待《らんじゃたい》があるが、それは息子の類くらいの大きさだ。足利義政、織田信長、豊臣秀吉が少し切ったところがあり、そこに切った人の名前がある。「メイヂテンノウサマノオキリニナツタアトモアリマス」

七日、正倉院蔵物目録に目を通す。

見るごとにあらたなる節ありといふ古文書生ける人にかも似る

古文書を調べる研究者たちに鷗外は限りない親近感を寄せた。

一方正倉院を見に来る人への評は手厳しい。当時は参観は高級官僚や有爵者、議員、博士などに限られていた。日誌には有島武郎、津田信夫《しのぶ》、香取秀真《ほつま》、和田英作、南薫造、岡田三郎助などの名前が見える。芸術家は自分の勉強のために来たのであろう。


主《ぬし》は誰ぞ聖武のみかど光明子帽《こうみょうしぼう》だにぬがで見られんものか

これほどのものを千二百年前に集めた人への敬意はないのか、という怒りである。奈良の古寺は今世界遺産になり、たくさんの人が来るが、この寺や町を作った人への、長らく守ってきた人への敬意と感謝を持ちたいものだ。

十一月十一日の日記に「是日欧州大戦終熄」と書いた。初めて鷗外は松嶋家の居間に号外を持ってきて「戦争が終わったね」と感無量の体で言ったという。第一次大戦、かつての留学先ドイツ、愛したひともいるドイツと日本の敵対は終わった。

夢の国燃ゆべきものの燃えぬ国木の校倉のとはに立つ国

欧州のように石でできてはいない、木でできている宝物庫が千二百年も燃えない国。その不思議さに、鷗外は打たれたのではないか。

雨の日

奈良に出張中の鷗外の生活は実に簡素だった。朝、滋養のため、生卵を二、三個食べた。そして卵焼き、梅干し、奈良漬を詰めた弁当を持ち、背広を着て、官舎から数百メートルのところにある正倉院に通った。

晴るる日はみ倉守るわれ傘さして巡りてぞ見る雨の寺寺

雨になると宝物が湿気ることを恐れて扉を閉ざす。鷗外は晴れて自由の身となった。一九一八（大正七）年十一月五日、昼食の終わるころ、雨が降り出した。鷗外は喜んで早速、東大寺、盧舎那《るしゃな》仏堂、鐘楼、二月堂、三月堂、春日大社と経巡った。

盧舎那仏仰ぎて見ればあまたたび継がれし首の安げなるかな

巨大な大仏が開眼供養したのは七五二（天平勝宝四）年であるが、その後も二度の兵火で焼けている。その度に継がれた首なのに苦しそうではない、仏は悟りを開いた自然体でくつろいでいる。

大鐘《おおがね》をヤンキイ衝《つ》けりその音はをかしかれども大きなる音

上手い歌ではないが面白い。この頃からヤンキイという言葉があったのか。特に侮蔑的な響きはない。大きな鐘、大きな男、大きな音のとりあわせが鷗外に「をかし」という感興を催させたのだろう。十一月七日にもユーモラスな歌がある。

殊勝なり喇叭《らっぱ》の音に寝起する新薬師寺の古き仏等

退出後、新薬師寺に赴いた鷗外は、後から歩兵連隊が、奈良時代からそこにいる仏たちを起こす、寝かすことを「をかし」と見ている。仏たちも並んで行軍しそうでもある。新薬師寺の「新」は昔からついていて「あらたかな」という意味、これも聖武天皇の病気平癒を願って光明皇后が建てたといわれる。素晴らしい十二神将の表情を私は見て飽きない。

般若寺は端《はし》ぢかき寺仇の手をのがれわびけむ皇子しおもほゆ

後醍醐天皇の皇子護良《もりなが》親王が追っ手を逃れ隠れ住んだという。その近くの北山十八間戸というのが興味深い。これは鎌倉時代、僧の忍性《にんしょう》が設けた日本最古の病院で、国の史跡となっている。しかし鷗外は「昔、光明皇后が汚いおばあさんをお湯に入れて洗ってやったら、そのお婆さんが仏様になって飛んで行った」という伝説の方を子供への手紙に書いている。

十一月九日も雨、平城京を見に行った。今は平城遷都千二百年祭以来、整備されすぎているが、当時は道もないただの草原で、鷗外は田や畑の中を歩いた。「コノヘンハスナミチダカラアルカレマス」

この年は雨がよく降ったらしく、十日には十輪院、十四日は唐招提寺や薬師寺に行った。二十日に白毫寺《びゃくごう》に行ったら「ヤネニアナガアイテイマス」


白毫の寺かがやかし癡人《しれびと》の買ひていにける塔の礎《いしずえ》

文化財が売買の対象になることをまたしても鷗外は激怒し、手紙には買った「癡人」の名も記している。東大寺についても、

別荘の南大門の東西に立つを憎むは狭しわが胸

の一首がある。京都仁和寺の門の脇にマンションが建ちそうになったことがあった。下加茂神社は境内にマンションを建ててしまった。パリに本部を置くユネスコは世界遺産の登録にあたり、周辺環境を重視している。フランスなどでは文化財の周りには高いものや奇抜なものを建てられないバッファゾーンという考え方が強く、これは世界にも広まっている。しかし私のいる東京でも特別名勝、特別史跡の後楽園の中からは、トヨタの東京本社やドーム球場の屋根が見えてがっかりする。六義園の周りには「六義園を我が庭のように見下ろせるマンション」が高く売れている。六義園からは邪魔だというのに。

一九一九（大正八）年、二〇年は晴れの日が多く、鷗外は正倉院に詰めていた。簡単な日誌には石井柏亭、横山大観、上村松園など、入倉者の名前ばかりが並ぶ。

一九二一（大正十）年、十一月十三日、鷗外は興福寺の慈恩会に参加した。宗祖慈恩大師の期日にその学徳を偲んで、僧侶たちが論議法要を行う。毎年、興福寺と薬師寺が輪番で行うが、私は二〇〇六（平成十八）年に行ってみると薬師寺の番であった。空はすっかり暗い。大講堂の前には大きな篝火《かがりび》が二つあってそこで暖をとった。

いまだ消えぬ初度《しょど》の案内《あない》の続松《ついまつ》の火屑《ほくず》を踏みて金堂に入る

まさにその通り。時がいたり、僧たちが静々と堂に入る。私は後方の椅子に座った。漆黒の闇の中、何が起きているかわからない。

なかなかにをかしかりけり闇のうちに散華《さんげ》の花の色も見えぬも

朗々と梵唄《ぼんばい》が唱えられ、そのうちに左右の演説台の上に僧が上がり、問答が始まる。音楽のように心を打つが、無学にして内容までは理解しかねた。

とこしへに奈良は汚さんものぞ無き雨さへ沙《すな》に沁みて消ゆれば

泥濘の東京から見れば、砂地の奈良は衛生学者の鷗外にしたら、清寂なところに思えた。

彼はここで家族からも離れ、束の間いにしへを旅した。帰りには京都で妻に帯を、子供らにお菓子の八つ橋を買って帰った。

現実の車たちまち我を率《い》て夢の都をはためき出でぬ

精勤な総長は、東京上野の国立博物館に一九二二（大正十一）年六月まで通い、七月九日に六十歳でその生涯を終えた。

奥但馬《たじま》紀行――山田風太郎さんの故郷を訪ねて

山田風太郎先生は私にとって、ただただ懐かしい人である。

「谷根千」を始めた頃、『幻燈辻馬車』という明治小説を読んだ。これは会津出身のおじいさんと孫娘が明治の下町で辻馬車をやっている。そこに乗り込む様々な人の人生を描いたもの。根津の遊郭、坪内逍遥と恋人の花魁《おいらん》花紫、三遊亭円朝などが登場する。「魔軍の通過」これは水戸の天狗党が八百人、各地を通過する話。吉村昭さんにも「天狗騒乱」があり、史実を踏まえてかっちりと書かれているが、壮大なフィクションに仕立てた風太郎作品にも魅力がある。その頃、私は彰義隊のことを調べて幕末史をはじから読み漁っていたのだった。

そしたら『彷書月刊』の編集長田村治芳さんが「森さん、風太郎さんのところに行こうよ」と誘ってくれて、聖蹟桜ヶ丘の御宅まで伺ってなんと、初めてなのに五時間もお邪魔していたことがある。

山田風太郎は一九二二（大正十一）年に但馬に生まれ、一家は医者の家系で、東京医大に入学、空襲下の東京を生き抜く。推理小説の懸賞に一等になりそのまま作家に。一度も医業に携わったことがない。小説家として「忍法帖もの」などが売れに売れ、一時は週刊誌に毎週三本も連載小説を書いていた。「といってもみんな忍法帖で、何がどれやらわからなくなって、一つは中絶して本にもなってない」と先生はタバコをくゆらしながら笑っていた。

雰囲気が父と似た方で、戦争で死ななかった自責感を持ち、戦後は余生と考えて、文壇とも付き合わず、賞もとらずにいたが、一九九〇年ごろ、時ならぬ山田風太郎ブームが起こった。「戦後最大の物語作家」「バルザックの人間喜劇に匹敵する」「滝沢馬琴以来の作家」などと評された。先生は菊池寛賞を受けられ、授賞式では「冥土の土産になります」と挨拶された。二〇〇一（平成十三）年七月二十八日に風のように逝かれた。私は『風々院風々風々居士──山田風太郎に聞く』という本を出した。亡くなった作家が忘れられないためには没後すぐ、騒がないといけないからである。

二〇〇四（平成十六）年に生地の但馬で風太郎祭が開かれ、そこに招かれた。兵庫県養父《やぶ》郡関宮町、どんなところですか、と聞くと「いやもう、何もない山ん中！」と風太郎さんは断言した。私が朝七時三分ののぞみに乗って、米原付近が例によって雪で徐行して遅れ、大阪で福知山線を走る北近畿五号に乗り換えて二時間半、八鹿《ようか》で降りると雪の中、風太郎研究会の有本倶子《ともこ》さんが待っていてくださった。山田夫人とお嬢さんの佳織さんも同じ列車から降りられた。ご無沙汰を詫びると「こんな遠くまでわざわざ」とむしろねぎらってくださった。

まず車で山田風太郎記念館へ向かう。最初関宮町立だったが、自治体合併で養父市立になっている。蔵造りを模した黄土色のあたたかな建物であった。

「こんなに小さくて風太郎さんの大きさには似合わんのですが」

と有本さん、これを建てるまでにどれほど努力されたことか。有本さんは小さい頃、風太郎の叔父であり、義父にあたる医師、山田孝先生がかかりつけであった。

「私にとってはやさしいお医者様でした。よく、風太郎が忍法帖で、あの美しい氷《ひょう》ノ山《せん》を忍者の死闘の場にしてしもうた。山が血染めじゃわい、と嘆かれていました」と有本さん。「二十で上京して、なかなか故郷に帰らない風太郎さんを冷たい人だという土地の人もいました。たしかに豊岡中学の同窓会に出ても関宮には寄らなかった」

風太郎さんから、私はこう聞いている。「僕が生まれて五歳の時に医者の父親をなくし、母と叔父が再婚して育てられた。そして十四歳で豊岡中学の一年から二年に上がる時にこんどは母が亡くなった。悲しい思い出しかなくてね」

医者の家だけに『少年倶楽部』をとってもらえたのは近所で風太郎少年だけで、それを級友に回し読みさせたという。記念館は風太郎少年が通った元小学校のあとだ。そこから二分も歩かずに生家についた。大名行列が止まる本陣を写した豪壮な土壁に瓦屋根の家である。

「こんなに近くなのに、学校には遅刻ばかりしとったようですよ」と有本さん。物事をなんでもはっきりいう方で好感を持った。

山田家の先祖は出石《いずし》藩仙石家の家来で、四代前の八左衛門は幕末の仙石騒動という有名な世継ぎ争いに巻き込まれ、追放にあって自害した。そして山田家は太田《ただ》というところに逼塞《ひっそく》する。曽祖父は熊太郎と言って出石藩の御典医で、その妹が加藤家に嫁いで、のちの東大総長加藤弘之を産む。そのまた孫が、推理小説家浜尾四郎やコメディアンの古川緑波（ロッパ）である。

父は太郎、母は寿子と言って鳥取高女を出た才媛で、美しいひとであったという。館には寿子が手縫いをした子供服なども陳列されていた。寿子が太郎亡き後、太郎の弟の孝と再婚したのは、子供二人のいる女性が独力では生き抜けなかったこと、村で一軒の医者を存続する必要があったからだろう。しかし十四歳でその母も失い、「魂の酸欠状態」に陥った風太郎は、だんだん「不良」になった。豊岡中学の寮の屋根裏に天国荘なる部屋を作って麻雀をしたり、町の映画館に行ったり、タバコを吸ったりして、三度の停学をくらい、退寮させられている。このころから受験雑誌の懸賞小説に応募し、八回入選した。グレた孫の世話をしたのは、母方の祖父、やはり医師の小畑義教というひとだった。

豊岡中学は兵庫県では名門の進学校で、卒業後、家出同然に上京した風太郎は沖電気工業に勤めながら、二度目の受験で東京医学専門学校（今の東京医大）に合格、まさに敗戦の前年で、その後、兵隊として召集されたが肋膜で返された。

記念館には学生時代のノートがあったが、これを見ると熱心に医学を勉強したようである。『戦中派虫けら日記――滅失への青春』『戦中派不戦日記』はたぐいまれな戦時中の記録文学である。終戦後の一九四六（昭和二十一）年、二十四歳で『達磨峠の事件』が『宝石』第一回懸賞小説に当選、卒業したが作家の道を歩んだ。

一九五三（昭和二十八）年、沖電気の上司、高須さんの娘佐藤啓子と結婚、風太郎は温かい家庭と二人の子供を得た。毎日妻の手料理を味わい、外で遊ばず、精力的に仕事をした。

一九六六（昭和四十一）年に東京郊外の聖蹟桜ヶ丘に敷地二百坪の大きな家を建て、私が何度かお訪ねしたのはここだが、風太郎さんは「結局、本郷とか、千駄木とかには寄りつけなかったなあ」と言っておられた。五十代に入り、『警視庁草紙』『幻燈辻馬車』『明治断頭台』『明治波濤歌』『エドの舞踏会』と開化期を舞台とした、資料を駆使しての見事な歴史小説を書き進めた。

「いやあ、どうも、忍法帖ほど売れないな。それに映画にもならんし」と風太郎さんは言っておられたが、本が売れる時代にベストセラー作家だったことに変わりはない。

講演が無事に済み、鳥取に行くというもう一人の講演者、関川夏央さんを送って、私たちは近くの宿で夕食をご一緒した。東京でお訪ねしてもそれまで、お茶を出してくださり、駅まで送ってくださるほかお話ししたことのない啓子夫人に、夫としての風太郎さんを聞いた。

「手のかからない人でした。高木彬光さんと親しかったのですが、亡くなってからは作家の方とのおつきあいはなくなってしまいました。二度ヨーロッパに行きまして、一度は音楽之友社の主催で、ずいぶんコンサートに連れて行っていただいて。それからドボルザークの「新世界」が好きになり、葬式でもこれをやれって。まあ、財布も持たない人で、私がいない時に集金の人が来ると右往左往して。たまにはどこかへ行ってくれないか、と思うくらい、ずっと家におりました」

娘の佳織さんのお話。

「普通のいいお父さんでした。どこかに私の成長記録なんかつけていなかったかしら?故郷から小西哲夫さんて豊岡中学のお友達が見えると何日も泊まって、ずっと父と話していました。それでも小説の締め切りがあるもので、仕方なくお手洗いにこもって連載を書いたり。そうすると小西さんはお手洗いの前に陣取って話し続ける。閉口して、しまいには、昼だけになってパクパク話すって小説があったんじゃないかしら」

親戚の小畑英夫さんの話。

「僕が上京した時もおじちゃんのところに厄介になったんですが、おばちゃんがご馳走を作ってくれて、おじちゃんはお酒飲め飲めというばかりで、人に飲ませておいて、自分はさっさと二階に引き上げて仕事したりするんですよ」

なんだか本当にいい感じの昭和の家庭、飄々とした風太郎さんの姿が目に浮かぶ。


朝、起きると青い空。一面の銀世界がキラキラしている。本当に但馬の山の中だ。

山田家の方々を駅までお送りし、私は有本夫妻と出石に向かう。出石からは明治女学校を開いた木村熊二、二代目校長巌本善治《いわもとよしはる》、ただ一人、帝国議会で反軍演説をした斎藤隆夫が出ている。城址に登り、出石そばをいただく、その後、豊岡に行って、風太郎さんの通った中学校へ。古い校舎は県の文化財に指定されていた。

私は一路、まだ行ったことのない城崎《きのさき》温泉に足を伸ばした。

紀州の旅——熊楠《くまぐす》、誠之助、伊作、春夫

紀州和歌山は東京からはなかなか行きにくいところである。

弘法大師が開いた真言密教の霊場、高野山に行ったのでバスで龍神温泉に向かった。ここは中里介山『大菩薩峠』の後半で、机竜之助が目を洗う滝が出てくる。この小説は東京・根津八重垣町で書かれ、自分で印刷の活字を拾って印刷された。私は紀州の初代殿様の徳川頼宣も泊まった「上御殿」という古い宿へ。明治に一度焼けたそうだが、部屋はもとどおりに建て直したそうで、その「御成りの間」というのに二食付き一万八千円で泊めてもらった。

湯はツルツルしてよかった。「私は市川雷蔵より片岡千恵蔵の『大菩薩峠』の方が好きですわ」と仲居さん。ここの先代の女将は龍神綾というすばらしい名前で、有吉佐和子の

『日高川』にも出てくるし、白洲正子さんの友人でもあったそうだ。

そこから一気に紀伊田辺へ下る。紀州の付家老安藤家の所領であるが、天才博物学者南《みな》方《かた》熊楠の家があることで知られている。また彼が粘菌やキノコ研究のフィールドとした神《か》島《しま》が海上にあって、そこに市役所の許しをもらって船で渡った。常緑樹の緑濃い島で、シダや椿も多い。国の天然記念物に指定されているのは、一九二九(昭和四)年に、同じく粘菌学者であった昭和天皇が訪れ、熊楠がご進講したせいであろう。


一枝も心して吹け沖つ風わが天皇《すめらぎ》のめでましし森ぞ

の歌碑がある。このとき、熊楠は集めた標本を献上するのに、桐の箱ではなく、キャラメルの箱を用いたというのは有名だ。

次の日に隣の白浜にある南方熊楠記念館に行ってみると、そこには昭和天皇の一九六二(昭和三十七)年の歌。

雨にけぶる神島を見て紀伊の国の生みし南方熊楠を思ふ

の碑があった。まるで相聞歌のようである。熊楠は「天皇陛下はお好きな研究ができなくておかわいそうだ」と言ったと伝わる。

南方熊楠は一八六七（慶応三）年生まれ、小さな頃から『和漢三才図会』などを借りては筆写して覚える。夏目漱石や正岡子規と同じ歳で、共立学舎で学んで、同じ年に大学予備門、今の東京大学に入ったのだが、この人も子規と同じく、学校秀才の枠にはまらず、中退してアメリカからロンドンに赴き、大英博物館の図書室で博物学を独学した。この時も、人種差別を受け、また図書館での静寂を守るため、女性の声を制して悶着を起こしている。留学当時は南方家は酒造で財産があったが、十四年米欧に滞在している間に、母も父も亡くなった。たくさんの標本箱とともに帰郷したのは一九〇〇（明治三十三）年。三十九歳で結婚。紀伊田辺で英語で論文を書き、雑誌『ネイチャー』などに投稿し、外国の大学から招聘もされたが、妻がその暮らしに耐えられないだろうと断った。

一九〇七（明治四十）年、四十歳の頃、神社合祀に反対。これは数ある神社を合併整理するという合理化政策だったが、それにより鎮守の森の中にある珍しい菌類、苔、シダ、藻類が破壊されるのを恐れた。ほぼ十年、熊楠はこの闘争のために研究の手を止めた。高木兼寛《かねひろ》や江木千之《かずゆき》は熊楠に味方し、一九一九（大正八）年、史跡名勝天然記念物保存法が徳川頼倫《よりみち》らによって貴族院に提出された。現在の文化財保護法の前身である。

しかし民間学者、熊楠の生活は大変だった。酒蔵を経営する弟の常楠《つねぐす》が生活費の面倒を見ていたが、ある時期から絶縁した。酒を飲んで乱入する、ふんどしすらつけないで歩き回る、もう面倒は見きれないと思ったのかもしれない。植物学研究所を設立するために寄付を募ったが、それもなかなかうまくいかなかった。一九二九（昭和四）年に、先に書いたように昭和天皇が戦艦長門《ながと》で行幸、艦上で熊楠は進講した。

「奇人変人だと思われ、あいつ読めへんのに洋書なんか持ってる、と言われた熊楠は天皇が会いに来てくれて嬉しかったのでしょう」と土地の研究者、中瀬喜陽《なかせひさはる》さんはおっしゃった。

平凡社の東洋文庫に二、三冊、南方熊楠集があったが、買って読んでみると難しくてとうてい歯が立たない。中瀬喜陽『素顔の南方熊楠』を拝読した。インターネットでは歴史上のイケメンに南方熊楠が入っている。確かに若い頃のスラリとした姿、目力はすごい。中年になって太ってくると勝新太郎みたいだな、と思った。

紀伊田辺は不思議なところで、文芸評論家奥野健男の大叔父にあたる出谷栄一は山口熊野《ゆや》と一緒に板垣退助の自由党に入り、県会議員となった。一八九五（明治二十八）年、菅原伝、日向輝武などと一緒にハワイに渡航し、カメハメハ王朝の最後の女王リリウオカラニを擁立し、アメリカに対抗してハワイ独立運動に関わった。その後、彼らのうち何人かはサンフランシスコなどに移り、日本語の新聞を出して、海外から日本の自由民権運動を支援しようとする。そのことは田村紀雄『アメリカの日本語新聞』に詳しい。

出谷の弟の健太郎は一九〇四（明治三十七）年から五期も田辺町長を務めたが、その前の町長は片山省三という弁護士で、その息子が片山哲、戦後最初の社会党首班内閣の首相になった。この人は総理大臣時代に東京の日暮里駅前の高台に住んでいたことがある、今もそのチョコレート色のレンガの壁は残っている。

一九〇〇（明治三十三）年、毛利柴庵《さいあん》が田辺で新聞『牟婁《むろ》新報』を創刊。七年後、社会主

義者荒畑寒村は東京を追われてこの新聞の主筆となり、年上の女性記者管野スガと同棲していた。毛利は南方熊楠の協力者でもあり、熊楠が神社合祀に反対して鎮守の森を守れと言った時、彼に紙面を提供している。この運動は近代日本初の自然環境保全運動といってよい。その影響は長く尾を引き、昭和の終わりには、この近くの天神崎で海岸線の自然を守る日本初のナショナルトラスト運動が起こっている。面白い土地である。私は田辺から海沿いに新宮まで行った。

『牟婁新報』の新宮支局長だったのが医師の大石誠之助である。彼は日露戦争の際、一九〇三（明治三十六）年三月二十六日、新宮の日の出座で四百人の聴衆を集めて反戦平和を訴えた。

大石は一八九九（明治三十二）年から二年間、インドで伝染病研究にあたりインドの民衆貧困と差別に喘ぐのを見た。一九〇四（明治三十七）年には、甥の西村伊作の協力で、自宅医院の空き地に建物を建て、レストラン「太平洋食堂」を経営した。パシフィック（太平洋）の名前の中にパシフィスト（平和主義者）を潜ませたらしい。大石はアメリカ留学中、コックのアルバイトをしたことがあった。この辺りのことは最近また嶽本あゆ美の戯曲「太平洋食堂」や柳広司の同名の小説で注目されている。

その大石医院の石柱も見つけた。彼は一九〇七（明治四十）年、幸徳秋水を新宮で歓迎したために、大逆事件のフレームアップに引っかかり、一九一一（明治四十四）年に死刑となった。

甥の西村伊作も紀州の山持ちの息子であるが、大石と一緒に反戦運動に関わり、自転車に社会主義文献を積み行商して歩いた。これを「平民文庫」と呼ぶ。兵役を拒否し、シンガポールに脱出、日露戦争後に帰国した。叔父が刑死した後、上京して子女の教育のために文化学院を開く。ここで与謝野鉄幹・晶子や石井柏亭が教えた。文化学院は戦争協力をしなかったため、戦時中に閉鎖を命ぜられた学校である。

新宮には一九一五（大正四）年に伊作が自分で建てた洋館がある。それは「生活を芸術として」掲げた彼らしいものである。洋館の前にある二軒の家も伊作の設計だと聞いた。独学で建築や陶芸を学んだ人である。

もう一人、新宮には佐藤春夫の家もあった。佐藤春夫の父、豊太郎は新宮の医者で和歌も嗜《たしな》む風流人だった。幸徳秋水が新宮に来たときはこの人はちょうど北海道に行っていて会わず、大逆事件連座を逃れた。春夫は上京して慶應義塾に学び、与謝野夫妻の新詩社に入り、堀口大学を知る。佐藤春夫は若い頃、根津神社の上にあった生田長江《ちょうこう》の家の玄関番をしていたはずだ。ニーチェの『ツァラトゥストラ』などを訳し、そこには絵描きの尾竹紅吉や詩人の生田春月も寄宿していた。春夫は紅吉の妹のふくみを好きになったが、この恋は叶わなかった。

佐藤春夫は森鷗外を最高の師と仰ぎ、『千朶《せんだ》山房』を書いている。大正の終わり、谷崎潤一郎に捨てられた妻千代に愛を感じ、昭和五年、協議の末、千代は谷崎家を出て佐藤家に入った。前代未聞の妻譲渡事件としてスキャンダルになった。「譲渡」という表現はいかにも女性に意志がなく男中心な表現である。

のちに佐藤春夫は詩人、作家として大成し、家は文京区の関口町の高台にあった。壊すか残すかが問題となり、私も気を揉んだ。結局、中学校を卒業するまで過ごした新宮に移築保存され、現在、佐藤春夫記念館になっている。

あはれ
秋風よ
情（こころ）あらば伝えてよ
――男ありて
今日の夕餉に一人
秋刀魚《さんま》を食らいて
思いにふける、と。

に始まる「秋刀魚の歌」は夫に捨てられた妻と妻に背かれた男が食卓に向かい、秋刀魚に青きミカンと滂沱《ぼうだ》の涙を滴らせる。紀州出身ゆえ、春夫の詩には時にみかんが登場する。

故郷の柑子《こうじ》の山を歩めども癒えぬなげきは誰がたまひけむ

恋しきや何ぞわが古郷
朝もよし紀の国の
牟婁《むろ》の海山
夏みかん
たわわに実り
橘《たちばな》の花さくなべに
とよもして啼くほととぎす

「望郷五月歌」

紀伊半島をちょっと旅しただけで、私は何人もの文人に出くわした。青い青い海を道連れに、私は南紀白浜まで出て、そこで「崎の湯」というすばらしい露天風呂に浸かり、白浜空港から飛行機で東京に帰った。行きはあんなに大変な思いをしていったのに、帰りはいかにもあっけなかったのを覚えている。

阿波日記

徳島県立文学館の寂聴招待講座というのに招かれた。徳島は来る機会がほとんどない。空港に九時に着くと、文学館の方が迎えに来て、まず「阿波十郎兵衛屋敷」へ行く。ここは人形浄瑠璃「傾城阿波の鳴門」のモデルとなった坂東十郎兵衛の屋敷跡である。「アワナル」の略称で知られるこの作品は近松半二ら五人の合作で、ものすごく長いお家騒動の話だ。

徳島藩は二十万石の雄藩で、お殿様は蜂須賀小六、秀吉の見方をして取り立てられた人。盗まれた主君の刀を探すため、阿波十郎兵衛とお弓の夫婦は名前を変えて、盗賊に身をやつし、大阪玉造に住んでいる。そこに巡礼となった実の娘お鶴がはるばる訪ねてくる。我が子とわかるが、ここで名乗るとお鶴にどんな災いが降りかかるとも限らない。涙を飲んで別れるお弓。その母の堪えきれない情愛が描かれる「巡礼歌の段」これをここでは毎日のように演じている。

阿波人形はとても大きい。文楽と比べ、仮設の小屋掛や農村舞台で演じられることが多かったため、顔も大きく丈も高く作ったのだろう。農村舞台は江戸時代、阿波の五百の村に二百四十もあったそうで、最近は残った舞台での公演が復活しているという。

その人形は実に精巧。男の人形は眉が動き、目もつむったりする。一つの人形を三人で動かす。一人は頭と右手、一人は左手、一人は足。女の人形は着物に隠れて足がない。ふきを入れた着物で上手に足も表す。目や眉も動かないが、その顔の角度で、悲しみや驚きや辛さ、怒りなど全てを表す。そして手先は三段階に動き、丸めたり反ったりして、感情を表すのだ。

お弓は縦縞の着物に黒い襟をかけている。これも本来、木綿であるべきだが、見栄えするよう絹を着て、ちりめんの前掛けをしめていた。娘お鶴は、黄八丈の着物で、頭はお煙《たば》草盆《こぼん》に結っている。この「巡礼歌の段」がよく演じられるが、実は十郎兵衛が出てくるのはその後。母お弓と別れた娘お鶴は十郎兵衛とばったり出会うが、金に困った十郎兵衛は巡礼の娘の懐に目をつけ、我が子とは知らずに殺してしまう。「阿波人形浄瑠璃」は国の重要無形文化財に指定されている。太夫も三味線もいて豪華なものだった。

しかしこの芝居は、実際の話とはずいぶん違うようである。庄屋の十郎兵衛は、一六九八（元禄十一）年、密貿易をしていた徳島藩の罪を一身に着て処刑されたと伝わる。しかもその三人の男子も刑一族に及び処刑された。藩の政策の犠牲になった無実のものの悲しみを訴えるため、このような作品が作られたらしい。

阿波人形といえば、宇野千代の『人形師天狗屋久吉』を思い出す。聞き書きによる名作だが、ここにあった孤高の職人久吉代々の写真は、本当にものすごいとしか言いようのない面構えである。

モラエス

もう一つ、眉山《びざん》という徳島を象徴する山の上にモラエスの館があった。ポルトガル人のヴェンセスラウ・デ・モラエスは、一八五四年にリスボンで生まれ、海軍兵学校を終え、ポルトガル領マカオの港湾局に勤めた。日本に強い関心があり、一八九九（明治三十二）年、神戸で領事、総領事となる。中国時代には中国人の妻がいて、子供も二人いたらしいが、神戸で福本ヨネという美しい芸者を妻とする。ヨネがなくなると、彼女の故郷徳島に来て、ヨネの姪にあたる斎藤コハルを後添えにした。終生、母国に帰らず『おヨネとコハル』『日本精神』『徳島の盆踊り』など日本に関する多数の本を書いた。

コハルと住んだ家は眉山の麓、徳島市伊賀町の長屋で、そのうちにコハルも病死し、あとはコハルの母、つまりヨネの姉にあたる斎藤ユキの世話を受けたが、一九二九（昭和四）年になくなっている。最後の頃のモラエスの写真はぼうぼうと髭が伸び、着物もだらしない。天皇が徳島巡幸の際、モラエスも街に出たが、あまりに奇人風なので家に連れ帰られたという。新田次郎に『孤愁（サウダーデ）』がある。

寺町にはモラエスと二人の妻のお墓のほか、遊女夕霧や東洲斎写楽の墓と伝えられるものもあった。一時、写楽をめぐって大騒ぎしていたと思うが、案内の方によれば、写楽が徳島藩の能楽者であることは確かだが、江戸住まいであって、江戸に墓があると考えるのが自然だという。とにかく蜂須賀家はお能の好きな家柄であった。

タクシーの運転手さんの言うがまま

午後、講演。まさかご自身は来られないだろうと思ったのに、京都から運転手付きのベンツで到着。「私はこの人のお母さんを知っていますが、お母さんの方が……美人ね」と紹介してくださった。私の伯母の近藤富枝が瀬戸内先生とは東京女子大の友人で、なんと私の母はそのお世話でお見合いもしたことがあるのだという。

講演も無事にすみ、私は翌日、鳥居龍蔵記念博物館に向かった。鳴門駅からタクシーに乗って、妙見山の上のコンクリートの城がなぜか県立の博物館になっている。城が主なのか、博物館が主なのかわかりにくい。他に人影もなく、展示も古めかしかった。鳥居龍蔵は一八七〇（明治三）年、徳島生まれ、苦学して東京大学で文化人類学者坪井正五郎の助手となり、正規の学歴はないが、東京大学教授になった。早くから中国東北三省、モンゴル、シベリア、台湾、沖縄、千島などの調査を行い、貴重な当時の写真、発掘物、生活道具などが陳列してあった。これを日本帝国主義の領土拡大先を調査しまくったと批判する人もいる。妻とは仲睦まじく、妻はモンゴル宮廷の御養育係を務めた。写真を見ると二人とも大変いい顔をしている。

タクシーの運転手さんと気が合ったので、おすすめのところに走ってもらうことにした。また徳島市内へ戻り、板東《ばんどう》のドイツ村公園に行こうという。第一次大戦中の青島からのドイツ人捕虜を当時の所長松江豊寿が人間として遇し、音楽、スポーツ、美術、印刷からパン作りまで、自由にやらせて、近隣の日本人と文化交流したというのは、良い話である。松江は維新の負け組の会津の出身だ。大変興味を惹かれた。このことについては、中村彰彦さんが『二つの山河』という小説を書かれている。ちょうど『バルトの楽園』という映画が六月に封切りになるということで、ロケ地は観光地になり、すでに大変な人が来ていた。

人を避けて、阿波一宮の裏手にドイツ人たちが友好の証にかけた橋には心動かされた。ロケ地より本物の方がずっといい。

賀川豊彦

ドイツ村の隣には、賀川豊彦の記念館があった。旧制徳島中学で学んだが、兄の事業の失敗で遺産を失い、結核にも侵される。その中でキリスト教徒となり、明治学院神学部、神戸神学校を経て、神戸でスラムの改善に立ち上がり、『死線を越えて』は大正のベストセラーである。

私の尊敬する出雲の百姓、佐藤忠吉翁は、従軍先で読んだ賀川の『乳と蜜の流るる郷』に感動して、戦後牧場を始めたという。賀川服という自ら考案した服は社会活動家に普及した。彼の経歴を見ると、スラム改良、地域開発、産業振興、労働運動、生協運動、農民運動、普選運動と多彩である。NPOやNGO、フィランソロフィ、メセナの先駆者であるともいえる。さらに一九二五（大正十四）年、ガンジー、アインシュタイン、ロマン・ロラン、などとともに「徴兵制廃止の誓い」を国際連盟に提出し、平和運動を進めた。

彼がアメリカの大学に学び、英語ができたことや、外国に多くの友人を持っていたことも太平洋戦争の終結、その後の世界連邦運動にも大きな力となった。しかし弱点がないわけではない。賀川は、満州での五族協和の王道楽土建設にも夢を抱いている。私が直接知っていたアナキストの望月百合子も、また国内で活動できなくなった社会主義者たちも満州に渡って、自らの理想を実践しようとするが、その土地が他の民族のものであることを自覚できなかったただろうか。

この記念館は賀川を賞賛するだけでなく、満州に関する誤った展示があった。もっと深い追求が欲しい。賀川の妻ハルは夫の死後も活動を続け、晩年、東京都の名誉都民となっていた。

そこからまた鳴門へ戻り、鳴門の渦巻きを見た。そのうち鉄道が通る架橋であるが、まだ通らないので、歩行者が渦巻きを上から見られる記念館になっている。なるほど、ラーメンにのっている「なると」は渦巻き模様から名付けられたのか。五百円の入場料でかなり客は混んでいた。

瀬戸内海と太平洋の潮位がかなり違うため、大潮の際は、直径二十メートル以上の渦巻きができるという。一日のうちでも今日は三時から前後一時間半は見られるというのだが、行ってみると、映像で見たほどの大きな渦巻きではなかった。

私は高速鳴門というバス停からちょうど明石行きのバスが出た後だったので、三十分後に来た淡路島経由京都行きに乗った。

淡路島かよふ千鳥の鳴く声にいく夜寝覚めぬ須磨の関守

の歌に惹かれて乗ったのだが、高速の両側は騒音防止のフェンスに阻まれ、ほとんど何も見えなかった。いつしか私はうとうと眠り、あっというまに京都に着いた。

『故郷へ帰る道』安野光雅

私は東京生まれだから、遠くにありて思うふるさとを持たない。それでも思い出す子ども時代の東京は、いまとまったく違う。ビルがなく、空地があり、藪があり、夕方には空き地に赤とんぼが群れ飛んでいた。

安野光雅さんは大正のおわりに島根県の山の町津和野に生まれた。そしていま東京で画家である。津和野はずいぶん遠いところだ。

「徳佐駅を出た蒸気機関車が一つ、二つと数えて、六つ目のトンネルを抜けると、いかにも幕を切って落としたように、懐かしい故郷が現れるのだった」

距離。時間の長さ。それゆえに故郷は輝く。「みっちゃん、後ろを見てみんさい。あれが虹ちゅうもんよ」と教えてくれたももたのおばさん。「お前は乙になおせ、僕は丙になおす」と通信簿を書き直そうといった保。お母さんがなくなる日、雪の中に立って泣いたしげちゃん。十五で養子にいった弟。

思うに、くに（故郷）を出てから今日まで
ながーい旅に出ていたような気がする
しかし、それは修学旅行ほどの長さでしかなかったらしい。

間に戦争がはさまった。いま七十を迎えて画家は幼い記憶を一つ一ついとおしむように蘇らせる。万年筆、白熱電球、蝿取り銃、香師《やし》の口上。

幼い日の思い出ばかりではない。私は「初心の絵」という話が好きだ。

三十年ばかり前のこと、日暮里に冠商店という荒物屋があった。店の表は沢山の看板で埋まっていたが、それはすべて手作りでタダモノではない。「字も絵も巧まずしてたいへん好感のもてる筆使いなのである」。軍手、雨傘、地下足袋、あまりおもしろいので写真に撮りたい、無断では悪かろうと思って許しを請うと「いいですとも」と言ってくれた。「わたしの仕事を認めてくれたのは、あなたが二人目だ」と主人はいう。一人は進駐軍の将校で、作って店先に飾ったロボットをぜひ譲ってくれといったそうだ。トタン板に絵が描かれた油絵を見せてくれた。「明治百年を記念して描いたのです」。日暮里あたりの汽車の走る風景。画家のなかに「明治百年を記念して」緑の田園を描いた人があるだろうか。「手先ではない、誠意である。こどもの絵がそうだが、大人になると大事なそれを忘れる」。忘れてはいけないものがある。その思いがこの本を通底している。

「街道をゆく」であちこちいっしょに旅した司馬遼太郎さん。「司馬さんを中にしてしゃべっていると、酒というより、話に酔って、じつに不思議な雰囲気の別世界が出現する」。まるで千夜一夜のようであった。遅れて入ってくる者がある。そんなとき司馬さんは「あのな、木下くんな、いまあんのさんがヘルペスにかかって困っているという話になってんのや」と前段までのあらすじを聞かせる。

弘前で知り合いが会いにくるという。司馬さんは言った。

「鈴木さんとこのおじょうさんはな、こどものときから、ずーっとあんのさんの絵本を見て大きくなった人やと。それでね、あんなきれいな花や、小人が遊んでいる絵をかく人は、どんな人なのだろうか、それはもう星の王子さまみたいな人にきまってるとね、……わたしゃもうどうすりゃあいいんだ。あの子たちの夢をこわしたくないんだよ」。ほなら「どないせえちゅうねん」。

司馬さんと安野さんはいくつちがいだろう。大家というべき二人のあいだに、初々しい、子どもっぽい、好奇心に満ちたさわやかな交流があった。万斛《ばんこく》の涙をかくし画家はユーモアを忘れない。そして「あの人は功成り名遂げた人の高慢な話よりも、飲み屋で愚痴をもらす人間のかなしみに学ぼうとしていた」。その安野さんの敬愛が読む者にも伝わる。たしかに司馬遼太郎は上昇期の明るい明治日本を描いた。それはそれで良いのではないか。

堀内誠一、江國滋、佐藤忠良、熊谷守一、杉本秀太郎、美智子皇后……幽明境を異にした人、いまも元気な人、その出会いをさっとデッサンする。それは細密画でもなく、油絵でもないが、人となりと的確に描きだす。しかし対象を見つめる画家の目はおだやかであたたかい。はすに構えたひねくれた本が多いなかで、すなわちエキセントリック（まん中をはずれた）本が多いなかで、なんと〝大道をゆく〟著作だろうと思う。さながら麦畑をわたる風のなかに立つ心地であった。

屋久島の山尾三省《やまおさんせい》

一九八一（昭和五十六）年頃、最初の子供が生まれて何を食べさせていいか迷っていた頃、それは人々がようやく農薬や添加物の危険に気づき、無農薬とか有機栽培とかに興味を持ち出した頃だったが、ナモ商会、長本兄弟商会という八百屋さんが家まで食品を届けてくれた。その時、食品ばかりか、本までも「これは絶対読んだ方がいいです」と自信満々に売るので、勧められるがままに買ったのが山尾三省の『聖老人』『縄文杉の木陰にて』『回帰する月々の記』などであった。どれもタイトルがすばらしい。

例えば『回帰する月々の記』は家族七人が六〇ワットの裸電球の下で、獲ってきたカツオを食べるところから始まる。カツオを屋久島ではマツオと呼ぶ。

山尾三省は一九三八（昭和十三）年、神田に生まれた江戸っ子である。日比谷高校から早稲田の文学部に進む。一九六〇年代後半、全国に学生運動が盛んなころ、ななおさかきらとコミューン運動を始める。大学解体や当局批判を声高に叫ぶこととは反対の、静かな抵抗運動だった。一九七〇年代、インドやネパールを一年間家族で放浪、そして屋久島に住み着いたのである。

十五夜に浜で網を引く彼に月のイメージは強い。月は満ち欠け、季節は巡る暮らし。その中で「直進する文明の時間と回帰する地球の時は、ともに地球から生み出された二筋の水脈である。地球に帰るほかはない」

私は山尾三省の本を読んだ頃、子供を育てながら、太陰暦で暮らそうと思ったり、ヘンリー・ソローの『ウォールデン（森の生活）』を読んで、自分の名前の由来である森の中に入って暮らそうと思ったりした。そのうち一九八四（昭和五十九）年、東京の小さな町で地域雑誌『谷中・根津・千駄木』を始めたため、東京に縛り付けられてしまい、都会脱出は先延ばしにされた。先に脱出したのは、中学一年で不登校になり、沖縄の読谷村《よみたんそん》で十四歳で年上の青年たちと馬の牧場を始めた次男で、「お母さんはいつになったら自然の中で暮らすの？」と問い詰められたものだ。彼は大きな犬を飼い、馬と沖縄の海で泳いでいた。

ただし、森の中でなくてもバイオリージョナリズム（生命地域主義）に近づいた暮らしはできると思う。私たちは地域内の古い建物はできるだけ残す。それは新しい資源を使わず、廃棄物も出さない、そして地元の工務店にお金が落ちる生き方だと考えた。さらに、物を捨てないでできるだけ直す、回す。古い家から出てくる食器ややかんや手ぬぐいはみんなもらった。廃品回収の日に食器や鍋を拾ったこともある。

うちの長女のラタンのベビーベッドはその後、十二人の赤ちゃんが使ってついに壊れた。子供服は、保育園内で大きな子から小さな子にもらえるだけもらった。いつも誰かのうちで夕飯を食べた。谷中墓地でいただいた金木犀でお酒をつけ、むかごを入れてご飯を炊き、八重桜を塩漬けにしてお茶にした。東京の中にも森はあった。

やっとプチ脱出できたのが五十になる手前で、森という名を持つ祖先の地、宮城県丸森町に畑と小屋を借り、隣の森で木の葉のざわめきを聴きながら読書に勤しんだ五年は本当に楽しかった。種を蒔けば、双葉が出て、それが伸びていく嬉しさ。近くには温泉もいっぱいあったし、松島湾で釣りもした。こういうことに目覚めたのもあの頃、山尾三省とソローと雑誌『自然食通信』を読んだおかげである。私は大学時代にマルクスやエンゲルス、レーニンを読んだが、マルクスが搾取と収奪のシステムを喝破し、人間性の発展できる自由な社会を構想したのはすごいが、「地球資源が有限であり、人は貪《むさぼ》ってはいけない」という視点が欠けていたように思う。縮小は不可避であり、「ただ足る事を知る」という仏教の教えのほうに今はむしろ惹かれる。

屋久島に行ったのは航空会社のPR雑誌のためで、スケジュールをこなすだけで精一杯、気になったが山尾三省の跡までは追えなかった。弟さんがやっているサバだしのラーメン屋に行ったのが嬉しかった。そして、車である集落を通った時に、運転者が「あそこに見えるのが山尾三省の住んでいたところ」と指差した。

「墓石を抱きかかえ、ある限りの力を出した。そしてついにそれが本来の位置に座った時、自分が力の限りを尽くして抱きかかえてきたものが、妻そのものであった事を突然に感じて涙が溢れた」。長年、旅も共にした妻を見送る。うらやましくなるような命の濃さである。

寺山修司『誰か故郷を想はざる』

寺山修司は私が高校時代にはまだ生きていて、一世を風靡していた。早熟な天才という感じで、何を言ってもやっても話題になった。歌も良いし、劇も良い。『血は立ったまま眠っている』『大山デブコの犯罪』『犬神』など、私は見に行きたかったが、見逃した。それでも私は高校の演劇部で『犬神』をやることにし、主人公の「月男」という少年を演じた。それは実に土俗的で、オオカミや仏壇や曼珠沙華が登場する。夏休みにせっせとベニヤで仏壇を作り、紅い曼珠沙華の花をこしらえた。文庫本で彼の本はほとんど買った。

家の医院では待合室用に週刊朝日を取っていたが、そこに毎週、寺山修司の連載エッセーがあって、宇野亜喜良の挿絵で読むのが楽しみだった。「アルチュール・ランボーというのはアル中で乱暴であった」などというしょうもないことが書いてあった。競馬の好きだった寺山修司、その彼が早世したときは悲しかった。

ずっと後になって、青森の二戸《にのへ》というところに招かれ、中学で話をしたことがある。そこから三沢に行き、町の自慢は寺山修司がこの町で少年時代を過ごしたことと、ミス・ビードル号という飛行機で、ここから飛び立ったアメリカ人の青年二人が太平洋無着陸横断をしたということだった。

家に帰って寺山の『誰か故郷を想はざる』を読んだ。まことにテンポのいい名文であって、今五十年たった今読んでもまったく古びていない。

これによると寺山は一九三五（昭和十）年十二月十日に青森県弘前に生まれた。父は八郎という警官、母ははつ。青森の大空襲で焼け出され、父が戦死したので、三沢の中学に入学、母が進駐軍で働き、青森市の母方の叔父夫婦に厄介になる。

しきりに生きている寺山の東北訛りが聞きたくなって、ネット上に彼の映像を探した。

「父の戦死はニューギニアのセレベス島で九月四日というのだけど、それは終戦後で、戦死じゃなくアル中らしい。子どもの頃、親戚のやっていた映画館で育った。母がいなくて一人だった。そうすると面白いことを言わないと誰も遊びに来てくれない。何か口からでまかせを言っていた。そのころは小説を書いてたんですね」と「徹子の部屋」で恥ずかしそうに語っていた。「少年探偵団だって、みんなで探しても最後は小林少年の手柄になるでしょう。結局、いいうちの子への反発があった」。青森を脱出したくて、「東京東京東京東京」と学校の机の裏にも書いた。

青森高校から一九五四（昭和二十九）年早稲田大学に入学する。『チェホフ祭』で第二回短歌研究新人賞を受賞、十八歳だった。しかしこの頃ネフローゼを発症、大学を辞めて、生活保護を受けながら、戯曲を書く。映像ではこんなふうに語っていた。

「尾崎士郎の人生劇場を見て、早稲田に入ったんだけど、電車に乗って人の話を聞きに行くのがくだらなく思えて、大学はやめてしまった。不摂生がたたって、四年間入院していた。長期的展望なんてないですよ。来週、出られると思って、四年もいた。退院してからは短歌は女々しい気がして作らなくなった」

ラジオドラマ、映画の脚本を書いて売れっ子になった。スターダムを駆け上がっていく勢いがあった。一九六七（昭和四十二）年、妻の九條映子や東由多加、横尾忠則らと演劇実験室「天井桟敷」を設立。

「芝居ってのはね、生まれる前の世界とか、死後の世界とか、現実に起こりそうもないこととかを見たほうがいい。脚本通り、あくびのところであくびし、笑うというところで笑うのは馬鹿げている。杉村春子が『女の一生』をやるより、隣のタバコ屋のおばさんの一生の方がよっぽど面白い」

寺山修司は国際的にも活躍し、海外からも劇団に入りたいと若者たちがやってきた。競馬の予想もし、ユリシーズという馬も飼っていたことがある。「今はマザー牧場で子供を乗せていますよ」という言葉にホッとした。ほとんどの競走馬の行く末はキャットフードになることだからだ。今までの人生で私が色っぽいと惹きつけられたスターは、ジュリーこと沢田研二と寺山修司くらいか。

寺山には『家出のすすめ』という本もある。しかし本人はこう語る。

「いや、家出するほどの家は僕にはなかった。母は十二歳の時に僕を捨てて出て行き、その母に対する激しい感情は今でもありますよ。日本の家って暗いじゃないですか。犯罪の大部分は近親間で起きている」

『書を捨てよ、町へ出よう』という本もある。「町は書物なんです。でも今となってはみんな漫画しか読まないから、むしろ本を読めと言いたいね」

「だいたい、石川啄木のね、『友がみな我よりえらく見ゆる日よ花を買いきて妻と親しむ』って歌、本当に勝手なやつだよね。自分よりえらく見えないのは妻だけだという女をばかにした歌だね」。昭和の石川啄木、と言われた寺山修司の歌が好きだ。

むせぶごとく萌ゆる雑木の林にて友よ多喜二の詩を口ずさめ
作文に「父を還せ」と綴りたる鮮人の子は馬鈴薯が好き
わがシャツを干さん高さの向日葵は明日ひらくべし明日を信ぜん
マッチ擦るつかのま海に霧ふかし身捨つるほどの祖国はありや

本より面白いことも――あとがきにかえて

家にいると、なかなか本を読む暇がない。

読むのはどうしても、仕事の資料になってしまう。調べて伝記や地誌を書く仕事なので、それだけでも大変な量。しかも十五年前に、自己免疫疾患原田氏病という珍しい病気にかかり、一時は失明の危険もあった。目は大切にしなければ。当然、目力は徐々に衰えていっている。

だから本を読みたくなったら旅に出る。今度は何の本を持って行こう、と考えるところからワクワクする。いつか読みたい、と買って積ん読になっている本、できるだけ軽いものを、リュックの外ポケットに二、三冊入れる。

京都に行くなら京都の本を、沖縄に行くなら沖縄の本を、現地で読むとすっと身体に入る。でもミスマッチも時々はいい。持っていった本などそっちのけで、フランスのルマンで『コンビニ人間』を読んだり、上海でラディゲ『ドルジェル伯の舞踏会』を読んだり、モロッコで時代劇のチャンバラを読んだりするのもいい。

渋温泉の宿のコタツで本を読みふけり、いつしか十時を過ぎ、雪の降っている中、共同浴場に行ったことがあった。とうてい浴衣に下駄履きで出られる寒さではない。ジーンズとセーターに着替え、宿のどてらを着て、近くの共同湯まで雪を漕いで行った。

もうそろそろ閉まる時間で、おばあさんが一人で入っていた。裸電球が湯けむりで霞んでいる。

「あんた、どこから来た」

「東京です」

「一人でか?」

「はい」

聞くとただのお婆さんでなく、れっきとした土木会社の社長だった。夫が亡くなって、会社をひきつぎ、どうにかここまでやってきた。

「あんた、ここらの人が考えていること、わかるか」

「はあ」

「儲けたいなんて考えとらん。いちにち土方《どかた》に出て七千円、八千円になる仕事ないか、ってことだよ。都会に出た子や孫が帰ってきたらご馳走したい。土産ももたせたい。道路工事がなくなるとみんな困るんよ」

ちゃぽんと湯の音が響く。女手一つで育てた息子が四十六だそうな。

「あんたな」

「はい」

「独身か？」

「……」

〈いや、独身には違いないですけど、息子さんよりは年上で、バツイチで一人で三人子供を育てています〉とは言えなかった。おばあさんはそれ以上、何も言わずに帰っていった。

あの風景は二十年経った今も忘れない。翌日は吹雪で、糸魚川の駅舎でだるまストーブを囲んで汽車を待っていたが、北陸本線は大幅に遅れ、当分来そうにない。私は腹ペコで街に出て、たった一軒灯りの灯った居酒屋で、刺身定食を作ってもらった。あの時の、イキのいい日本海の魚も忘れない。そして三時間遅れの列車に乗り、金沢に向かった。窓には黒い森が吹雪とともに後方に飛びさっていった。だけど、あの時何の本を読んでいたのかは思い出せない。

この本をまとめるために、家中の本を探した。探してもない本もあった。本棚の隅から出てきた本もあった。黄ばんで、紙に染みもあった。古い本の匂い。中学生の私が押した蔵書印。母の取っていた雑誌『ミセス』のきれいなグラビアで作ったブックカバー。すべて懐かしい。しかしその活字はほとんど、今の私には小さすぎて読めなかった。

結果として、戊辰戦争からダム問題まで、自分の好きな著者ばかり集め、近代史の旅ともなった。コロナ禍にもいいことがある。私はこの二カ月、まったく新しい原稿の注文もなく、講演も中止、夜の飲み会もなく、家にこもって、かつての懐かしい本の森に踏み入ることができたのだから。

森まゆみ

【初出一覧】

Ⅰ　なつかしい本を携えて

松山人・子規とくだもの……「俳壇」（本阿弥書店）二〇一七年十月号

三島由紀夫『潮騒』の神島……「THE GOLD」（JCB会員誌）二〇〇七年六月号

Ⅱ　気になる女たち

林きむ子の群馬つながり『大正美人伝』……第66回企画展図録二〇〇九年七月（群馬県立土屋文明記念文学館）

増山たづ子『すべて写真になる日まで』……永平寺機関誌「傘松」平成二十七年三月号

Ⅲ　旅で出会った本

大阪の立ち呑み『足立さんの古い革鞄』……「図書新聞」二〇〇六・十・二十八付

頼りになる本『温泉博士が教える最高の温泉』……「青春と読書」（集英社）二〇二〇年一月号（No．522）

＊右記以外はすべて共同通信配信（二〇〇四年）

Ⅳ　おやおやこんなところにいましたか。

高村光太郎『三陸廻り』……「アサヒカメラ」（半島を歩く④）二〇〇三年十一月号

『土佐の墓』はすごい……文藝春秋ＰＲ誌「本の話」一九八八年三月号

Ⅴ　はるばると来つるものかな

鷗外さんの奈良――正倉院の虫干……「ひととき」（ウエッジ）二〇〇七年十月号

奥但馬紀行――山田風太郎さんの故郷を訪ねて……『風々院風々風々居士――山田風太郎に聞く』（森まゆみ、ちくま文庫）文庫版あとがき

＊収録にあたり大幅に加筆しました。

【掲載書籍・参考文献一覧】

＊文庫本を優先して掲載し、最新の刊行年を記しています。

―なつかしい本を携えて

『坊っちゃん』の松山

『坊っちゃん』『こころ』『明暗』『吾輩は猫である』『道草』『門』『それから』『虞美人草』『三四郎』夏目漱石、新潮文庫／岩波文庫／角川文庫他

松山人・子規とくだもの

『仰臥漫録』正岡子規、岩波文庫（一九五一年刊）他

仙台で　阿部次郎と漱石、そして魯迅『藤野先生』

『漱石の思い出』夏目鏡子著・松岡譲筆録、文春文庫（一九九四年刊）他

『漱石と十弟子』津田青楓、芸艸堂（一九七四年刊）

『千駄木の漱石』森まゆみ、ちくま文庫（二〇一六年刊）

「藤野先生」竹内好訳、ちくま文庫『魯迅文集二』（一九九一年刊）所収、他

松江の小泉八雲旧居――小泉節子『思い出の記』

『小泉八雲　思い出の記』小泉節子・小泉一雄著、ヒヨコ舎／星雲社（二〇〇三年刊）

『怪談』小泉八雲著・山本和夫訳、ポプラ社文庫（一九八七年刊）

釧路の石川啄木

『挽歌』原田康子、新潮文庫（一九六一年刊）

『悲しみよこんにちは』フランソワーズ・サガン・河野万里子訳、新潮文庫（九版：二〇〇九年刊）

『新版 放浪記』林芙美子、新潮文庫（一九七九年刊）

『石川節子――愛の永遠を信じたく候』澤地久枝、文春文庫（一九九一年刊）他

『あこがれ　石川啄木詩集』石川啄木、角川文庫（一九九九年刊）他

『一握の砂・悲しき玩具他：石川啄木詩集』金田一京助編、新潮文庫（一九六一年刊）他

追分の立原道造

『本豪落第横丁』品川力、青英舎（一九八四年刊）

川端康成『伊豆の踊子』

『伊豆の踊子』川端康成、新潮文庫（一二九刷改版：二〇〇三年刊）他
『眠れる美女』川端康成、新潮文庫（改版：一九九一年刊）他
『古都』川端康成、新潮文庫（一九七九年刊）他
『美しさと哀しみと』川端康成、中公文庫（一九七七年刊）他
『浅草紅団：浅草祭』川端康成、講談社文芸文庫（一九九六年刊）他
「葬式の名人」川端康成、講談社文芸文庫『伊豆の踊子・骨拾い』（一九九九年刊）所収
『抒情歌・禽獣：他五篇』川端康成、岩波文庫（七刷：二〇〇五年刊）他
『火花　北条民雄の生涯』高山文彦、角川文庫（二〇〇三年刊）

三島由紀夫『潮騒』の神島

『三島 vs 東大全共闘』三島由紀夫、東大全共闘、角川文庫（二〇〇〇年刊）
『潮騒』三島由紀夫、新潮文庫（一二二刷：二〇〇五年刊）

II　気になる女たち

一葉をめぐる二つの旅――塩山と対馬

『ゆく雲』樋口一葉、ちくま文庫『樋口一葉小説集』（二〇〇五年刊）他所収
『藪の鶯』田辺花圃（平凡社オンデマンド）
『ある明治人の朝鮮観　半井桃水と日朝関係』上垣外憲一、筑摩書房（一九九六年刊）

林きむ子の群馬つながり『大正美人伝』

『大正美人伝：林きむ子の生涯』森まゆみ、文春文庫（二〇〇三年刊）
『アメリカの日本語新聞』田村紀雄、新潮選書（一九九一年刊行）

林芙美子のあとを歩いて

『放浪記』林芙美子、岩波文庫（二〇一四年刊）
『めし』林芙美子、新潮文庫（改版：一九七二年刊）
『晩菊・水仙・白鷺』林芙美子、講談社文芸文庫（一九九二年刊）

『浮雲』林芙美子、新潮文庫（二〇〇三年刊）
『風琴と魚の町・清貧の書・屋根裏の椅子』林芙美子、講談社文芸文庫（一九九三年刊）

増山たづ子『すべて写真になる日まで』――岐阜・徳山ダム
『すべて写真になる日まで』増山たづ子、小原真史編、IZU PHOTO MUSEUM（二〇一四年刊）
『チッソは私であった』緒方正人、葦書房（二〇〇一年刊）
『ここで土になる』大西暢夫、アリス館（二〇一五年刊）
『山里にダムがくる』大西暢夫・菅聖子、山と渓谷社（二〇〇〇年刊）
『水になった村：ダムに沈む村に生き続けたジジババたちの物語』大西暢夫、情報センター出版局（二〇〇八年刊）
『僕の村の宝物：ダムに沈む徳山村山村生活記』大西暢夫、情報センター出版局（第二版：二〇〇六年刊）
『ホハレ峠　ダムに沈んだ徳山村　百年の軌跡』大西暢夫、彩流社（二〇二〇年刊）

吉野せい『洟をたらした神』――震災支援のいわきにて
『洟をたらした神』吉野せい、中公文庫（二〇一二年刊）

III 旅で出会った本

『ふるさとを築いたひとびと　浜田藩追懐の碑人物伝』浜田市教育委員会編、浜田市教育委員会（一九九二年刊）
『越後洞門　手堀隧道物語』磯部定治、新潟日報事業社（一九九九年刊）
『糠部地方の盆踊り　ロマンのナニャトウヤラ』工藤亨、自費出版（二〇〇五年刊）
『段々畑』原田政章、アトラス出版（二〇〇七年刊）
『大町桂月　酒仙・鉄脚の旅人――作品と資料でつづる佳月の青森県内における足跡』小笠原耕四郎、私家版（一九九五年刊）
『ニロースク　小浜島の風便り』つちだきくお、ハーベストファーム／ボーダーインク（二〇〇二年刊）
『名張少女』田山花袋、暮らしの工房川上（復刻版：二〇一三年刊）
『蒲団・重右衛門の最後』田山花袋、新潮文庫（改版：二〇〇三年刊）

『田舎教師』田山花袋、新潮文庫（改版：二〇一三年刊）他
『東京の三十年』田山花袋、岩波文庫（一九八一年刊）他
『恋文』連城三紀彦、新潮文庫（一九八七年刊）
『赤目四十八瀧心中未遂』車谷長吉、文春文庫（二〇〇一年刊行）
『不如帰』徳富蘆花、岩波文庫（改版：二〇一二年刊）
『自然と人生』徳富蘆花、ワイド版岩波文庫（二〇〇五年刊）
『みみずのたはごと』徳富健次郎、岩波文庫
『謀叛論：他六篇・日記』徳富蘆花、岩波文庫
『蘆花と愛子の菊池』菊池市教育委員会編、熊本日日新聞情報文化センター（二〇〇一年刊）
『MABURAI――静かなる豊饒』浜田康作（私家版）
『善光寺散策案内』オフィスエム（二〇〇三年刊）
『ほっかいどう語――その発生と変遷』北海道新聞社（一九七〇年刊）
『足立さんの古い革鞄』庄野至、編集工房ノア（二〇〇六年刊）
『温泉博士が教える最高の温泉』小林裕彦、集英社（二〇一九年刊）

IV　おやおやこんなところにいましたか。

『古文書返却の旅』網野善彦
『古文書返却の旅』網野善彦、中公新書（一九九七年刊）

高村光太郎「三陸廻り」
「三陸廻り」高村光太郎、『高村光太郎全集第九巻』所収、筑摩書房他
『遠野物語』柳田國男、ワイド版岩波文庫（一九九三年刊）

『大杉栄自叙伝』にかこつけた越後の旅
『大杉栄自叙伝』大杉栄、中公文庫（二〇〇一年刊）
『『青鞜』の冒険』森まゆみ、集英社文庫（二〇一七年刊）

佐野と足尾――田中正造の足あと
『田中正造の生涯』林竹二、講談社現代新書（一九九一年刊）
『語りつぐ田中正造：先駆のエコロジスト』田村紀雄・志村章子共編、社会評論社（一九九八年刊）

『谷中村滅亡史』荒畑寒村、岩波文庫（一九九九年刊）

『土佐の墓』はすごい

『土佐の墓』山本泰三、土佐史談会（一九八七年刊行）
『寺田寅彦郷土随筆集』高知教育委員会、高知市教育委員会（一九七八年刊）

会津から下北へ『ある明治人の記録——会津人柴五郎の遺書』

『ある明治人の記録——会津人柴五郎の遺書』石光真人編著、中公新書（改版：二〇一七年刊）
『彰義隊異聞』森まゆみ、集英社文庫（二〇一八年刊）

安曇野にて——飯沼正明『航空随想』

『航空随想』飯沼正明、羽田書店（一九三七年刊）

Ⅴ はるばると来つるものかな

鷗外さんの奈良——正倉院の虫干し

『舞姫』森鷗外、集英社文庫（一九九一年刊）他
『鷗外の坂』森まゆみ、中公文庫（二〇二二年刊）
『寧都訪古録』『奈良小記』『奈良五十首』森鷗外、鷗外全集（岩波書店）所収

奥但馬紀行——山田風太郎さんの故郷を訪ねて

『幻燈辻馬車』山田風太郎、角川文庫『山田風太郎ベストセレクション』（二〇一〇年刊）他
『天狗争乱』吉村昭、新潮文庫（一九九七年刊行）
『風々院風々風々居士——山田風太郎に聞く』森まゆみ、ちくま文庫（二〇〇五年刊）
『戦中派虫けら日記——滅失への青春』山田風太郎、ちくま文庫（一九九八年刊）
『戦中派不戦日記』山田風太郎、講談社文庫（一九七三年刊）
『達磨峠の事件』山田風太郎、光文社文庫『山田風太郎ミステリー傑作選』（二〇〇二年刊）
『警視庁草紙』山田風太郎、ちくま文庫『山田風太郎明治小説全集一、二』（一九九七年刊）他
『明治断頭台』山田風太郎、ちくま文庫『山田風太郎明治小説全集七』（一九九七年刊）他
『明治波濤歌』山田風太郎、ちくま文庫『山田風太郎明治

小説全集九、十』（一九九七年刊）他
『エドの舞踏会』山田風太郎、文春文庫（一九八六年刊）

紀州の旅——熊楠、誠之助、伊作、春夫

『大菩薩峠』中里介山、ちくま文庫（一九九五年刊）他
『素顔の南方熊楠』谷川健一・南方文枝・中瀬喜陽、朝日文庫（一九九四年刊）
『アメリカの日本語新聞』田村紀雄、新潮選書（一九九一年刊）

阿波日記

『人形師天狗屋久吉』宇野千代、平凡社ライブラリー『宇野千代聞書集』（二〇〇二年刊）所収
『おヨネとコハル』Wモラエス・花野富蔵訳、集英社（一九八三年刊）
『徳島の盆踊り——モラエスの日本随想記』Wモラエス・岡村多希子訳、講談社学術文庫（一九九八年刊）
『二つの山河』中村彰彦、文春文庫（一九九七年刊）
『死線を越えて』賀川豊彦、現代教養文庫（一九八三年刊）
『乳と蜜の流るる郷』賀川豊彦、家の光協会（復刻版：二〇〇九年刊）
『「第九」の里　ドイツ村』林啓介、井上書房（一九九三年刊）
『モラエスの旅——ポルトガル文人外交官の生涯』岡村多希子、彩流社（二〇〇〇年刊）

安野光雅『故郷へ帰る道』

『故郷へ帰る道』安野光雅、岩波書店（二〇〇〇年刊）

屋久島の山尾三省

『聖老人』山尾三省、野草社（一九八八年刊）
『縄文杉の木陰にて』山尾三省、新宿書房（増補新版：一九九四年刊）
『回帰する月々の記』山尾三省、新宿書房（一九九〇年刊）

寺山修司『誰か故郷を想はざる』

『誰か故郷を想はざる』寺山修司、角川文庫（改版：二〇〇五年刊）
『家出のすすめ』寺山修司、角川文庫（改版：二〇〇五年刊）
『書を捨てよ、町へ出よう』寺山修司、角川文庫（改版：二〇〇五年刊）

森まゆみ（もり・まゆみ）

1954年東京生まれ。作家。早稲田大学政治経済学部卒業。1984年に友人らと東京で地域雑誌『谷中・根津・千駄木』を創刊、2009年の終刊まで編集人を務めた。歴史的建造物の保存活動にも取り組み、日本建築学会文化賞、サントリー地域文化賞を受賞。著書は『鷗外の坂』（芸術選奨文部大臣新人賞）、『「即興詩人」のイタリア』（JTB紀行文学大賞）、『「青鞜」の冒険』（紫式部文学賞）など多数。近著に『谷根千のイロハ』（亜紀書房）、『森まゆみと読む 林芙美子「放浪記」』（集英社文庫）など。

わたしの旅ブックス

023

本とあるく旅

2020年 8月28日　第1刷発行
2020年12月10日　第2刷発行

著者――――森まゆみ

ブックデザイン――マツダオフィス
DTP――――角 知洋_sakana studio
編集――――佐々木勇志（産業編集センター）

発行所――――株式会社産業編集センター
〒112-0011
東京都文京区千石4-39-17
TEL 03-5395-6133　FAX 03-5395-5320
http://www.shc.co.jp/book

印刷・製本――――株式会社シナノパブリッシングプレス

ISBN978-4-86311-271-1